H. DE VRIES DE HEEKELINGEN

L'ORGUEIL JUIF

REVUE INTERNATIONALE DES SOCIÉTÉS SECRÈTES
11 bis, rue Portalis, Paris (VIII°)

— 1938 —

Copyright par H. de Vries de Heekelingen 1938.
Imprimerie MAURICE CLOIX Nevers

Première édition numérique Août 2011

the Savoisien & Lenculus

Tous droits de traduction et de reproduction réservés pour tous les pays.

Exegi monumentum ære perennius
Un Serviteur Inutile, parmi les autres

SCAN & ORC, MISE EN PAGE
27 juin 2019

LENCULUS †(2016) & BAGLIS
in memoriam

Pour la Librairie Excommuniée Numérique des CUrieux de Lire les USuels

DU MÊME AUTEUR

Genève, pépinière du calvinisme hollandais.
  Tome I. — Les étudiants des Pays-Bas à Genève au temps de Théodore de Bèze. — *Fragnières, Fribourg.*
  Tome II. — Correspondance des élèves de Théodore de Bèze après leur départ de Genève. *Martinus Nyhoff, La Haye.*

Correspondance de Bonaventura vulcanius pendant son séjour à Cologne, Genève et Bale (1573-1577). — *Martinus Nyhoff, La Haye.*

Carmina Armini (*épuisé*).

Le fascisme et ses résultats (*épuisé*).
  Trad. italienne: Il fascismo e i suoi risultati (*épuisé*).
  Trad. hollandaise: Het fascisme en zyn resultaten (*épuisé*).

Die nationalsozialistische weltanschauung (*épuisé*).

Israël, son passée, son avenir. *Libr. ac. Perrin, Paris.*
  Trad. italienne: Israël, Il passato, l'avvenire. *Tumminelli, Rome.*
  Trad. polonaise: Izrael, jego przeszlosc y przyszlosc. *Libr. St-Adalbert, Poznan.*
  Trad. suédoise: Israël, historia och leverne genom tiderna. — *Svea Rike, Stockholm.*
  Trad. hollandaise: De Joden in de christelyke samenleving — *Uitgevery Oisterwyk.*

Juifs et catholiques.

L'ORGUEIL JUIF

INTRODUCTION

> « *Sommes-nous un peuple modeste ? Il me semble qu'il est difficile, même à un Juif qui est aveugle pour tout ce qui concerne la question raciale, de s'obstiner à prétendre que nous sommes un peuple modeste.* »
>
> Samuel Roth

Pour expliquer ce qui m'a amené à analyser les manifestations et les conséquences d'un orgueil particulier au peuple juif, je rappellerai en quelques lignes ce qui s'est passé de la publication de mon livre précédent(1) dans lequel j'avais essayé d'étudier impartialement la question juive, en utilisant presque uniquement des sources et des documents juifs.

Après avoir étudié ce qui nous sépare des Juifs, j'énumérais les tentatives stériles pour trouver une solution au problème juif. Enfin, dans la troisième partie du livre, j'exposais les résultats obtenus par le sionisme ; résultats auxquels je ne ménageais pas les éloges. Du côté non-juif, cette dernière partie fut souvent critiquée, parce qu'on estimait la solution proposée trop favorable aux Juifs. Du côté « juif, mon livre fut accueilli par une bordée d'injures : « poison dangereux — citations franchement falsifiées ou même inventées sans vergogne — pamphlet sans envergure, sans originalité — collection de faux et d'affirmations gratuites — un malheureux livre — un monument de haine — un livre infâme », et j'en passe.

Pourquoi ce débordement d'insultes, sans que leurs auteurs aient jamais apporté l'ombre d'une preuve ? Pourquoi ?

J'ai attribué d'abord ce vocabulaire inusité au fait que les races

---
1 — *Israël, son passé, son avenir*. Librairie académique Perrin.

orientales ont volontiers un langage plus pittoresque que le nôtre ; mais cela n'explique pas la mauvaise foi et le manque de scrupules dans des discussions historiques. En examinant de plus près ces attaques, je découvris que toutes avaient une même origine : l'orgueil blessé, blessé du fait qu'un non juif avait osé critiquer certaines tendances juives. C'est ce qui m'amena à étudier de plus près l'orgueil propre à la race juive. Le résultat de mes recherches est exposé dans les pages qui suivent.

—◆◆◆—

Une appréciation basée sur des considérations personnelles n'ayant pas la valeur d'une conclusion basée sur une documentation juive, je me réfère exclusivement à des auteurs juifs. Pour permettre au lecteur le contrôle des citations, j'ai fait précéder, dans les références bibliographiques, les noms d'auteurs juifs d'un astérisque ; les noms de Juifs baptisés sont précédés d'une croix.

APERÇU GÉNÉRAL

L'orgueil est un sentiment propre à la nature humaine, par conséquent indépendant du facteur-race. Sous toutes les latitudes, nous trouvons des individus orgueilleux et d'autres qui ne le sont pas. L'orgueil constitue une manifestation d'ordre psychologique et non d'ordre physiologique ; les nègres ne sont ni plus ni moins orgueilleux que les jaunes ou les blancs. Pourquoi donc existerait-il un orgueil spécifiquement juif, un orgueil particulier à la race juive ? Pourquoi ne ferait-on pas une distinction entre des Juifs orgueilleux et d'autres Juifs qui ne le sont pas, comme on le fait pour d'autres races ?

Les circonstances historiques, le genre de vie, l'organisation sociale peuvent favoriser ou contrecarrer le développement de l'orgueil de tout un peuple. Les persécutions que les Juifs ont endurées au cours des siècles, autant que la vie de ghetto, la solidarité due au fait que, partout les Juifs ont constitué une minorité, tout cela a développé leur orgueil initial, dont nous trouvons des traces dès leur entrée dans l'histoire. Cet orgueil est devenu à tel point inhérent à la race juive, qu'on peut parler d'un orgueil typiquement juif.

L'orgueil donne à l'orgueilleux une opinion trop avantageuse de lui-même et lui cache ses défauts ; il le rend susceptible à la moindre critique et, comme tout individu offre des côtés critiquables, il est constamment froissé ou irrité. L'orgueil peut aussi être un consolateur (généralement un mauvais consolateur) contre de mauvais traitements mérités ou immérités ; dans ce cas, l'orgueilleux s'enferme dans sa tour d'ivoire, séparé du reste des humains par son « complexe de supériorité. »

Toutes ces caractéristiques de l'orgueil se retrouvent chez les Juifs. Le Juif a une opinion fort avantageuse de lui-même, parce qu'il s'est toujours considéré comme membre du peuple élu et qu'il a attribué cette élection à sa race. Il se croyait élu parce qu'il descendait d'Abraham, il éprouvait un orgueil infini par le fait du sang qui coulait dans ses veines.

L'orgueil lui cache ses défauts, parce qu'il croit accomplir tout son devoir lorsqu'il obéit aux deux cent quarante-huit commandements et aux trois cent soixante-cinq prohibitions du Talmud. Un exemple frappant, qui montre le degré auquel peut atteindre ce sentiment de perfection est la lettre que Salomon Rothschild écrivait à Metternich lors du décès de son frère Nathan : « Mon frère a conservé, écrivait-il, toute sa lucidité jusqu'à la mort. Dix minutes avant la fin, comme on exécutait les cérémonies dont nous avons l'habitude, il disait : « Inutile de tant prier, car, croyez-moi, j'ai la conviction de n'avoir pas péché (1). »

L'orgueil rend le Juif chatouilleux, il ne tolère pas la moindre critique. Rien de plus naturel : puisqu'il se croit supérieur à son entourage, toute critique le met hors de lui. Il a une manière à lui de combattre ceux qui osent le critiquer : il tâche de faire passer ses adversaires pour des gens sans importance ou sans savoir. S'il est incapable de répondre sur le fond, il se contente d'une contradiction pure et simple, sans aucune preuve à l'appui. Dans la discussion, il est souvent d'une suffisance incroyable. Quelques jours avant la chute de son ministère, lors d'une discussion au Sénat, M. Léon Blum s'écriait : « Qui se permet de ricaner quand je parle ? »

L'orgueil peut aussi faire fonction de consolateur. Du moment que le Juif croit dur comme fer qu'il a une tâche à remplir ici-bas, l'opinion du monde n'a plus aucune importance pour lui.

« Nous n'avons pas à nous occuper de l'opinion du monde qui nous entoure, dit M. Joseph Kastein, ni de la catégorie dans laquelle il faut classer sa façon de penser. Il suffit simplement que le Juif conserve, en lui-même, la certitude qu'il a créé pour tous les peuples des valeurs culturelles absolument prodigieuses (2). »

Cette certitude a pour conséquence que le Juif bondit dès qu'un *goy* se permet de douter de sa supériorité. Il s'irrite alors profondément et devient haineux. Deux siècles avant notre ère, le grand-prêtre hellénisant Ménélaüs, accusait, la loi juive « d'enseigner la haine du genre humain, de défendre de s'asseoir à la table des étrangers et de

---

1 — Egon Caesar Corti, *Das Haus Rothschild in der Zeit seiner Blüte*, (1928), p. 166.

2 — ✿ Joseph Kastein, *Juden in Deutschland* (1935), p. 73

leur marquer de la bienveillance (1). » Inutile d'ajouter que Ménélaüs ne jouit pas d'une bonne renommée parmi les Juifs (2), mais il se rencontre avec saint Paul qui, deux siècles plus tard, dans son *Epitre aux Thessaloniciens*, a dit aussi d'eux : Et *omnibus hominibus adversantur*. Il n'est donc pas, étonnant que, même dans la Rome ancienne, si tolérante pour toutes les religions, les Juifs furent profondément haïs et qu'on promulgua pour eux des lois d'exception. Il en a été ainsi partout et toujours. Les Juifs sincères l'avouent eux-mêmes.

« Le Juif provoque, dit M. Kadmi-Cohen, la répulsion ou la crainte ou la haine ou le mépris universel, tantôt plus, tantôt moins. Ce phénomène psychologique ne peut s'expliquer que par le sentiment de tout être sain en présence de quelque chose d'informe, de maladif, d'incomplet (3). »

Bernard Lazare se demande pourquoi l'hostilité à l'égard des Juifs s'est manifestée partout :

« Si cette hostilité, cette répugnance même, ne s'étaient exercées vis-à-vis des Juifs qu'en un temps et en un pays, il serait facile de démêler les causes restreintes de ces colères, mais cette race a été, au contraire, en butte à la haine de tous les peuples au milieu desquels elle s'est établie. Il faut donc, puisque les ennemis des Juifs appartenaient aux races les plus diverses, qu'ils vivaient dans des contrées fort éloignées les unes des autres, qu'ils étaient régis par des lois différentes, gouvernés par des principes opposés, qu'ils n'avaient ni les mêmes mœurs ni les mêmes coutumes, qu'ils étaient animés d'esprits dissemblables ne leur permettant pas de juger également de toutes choses, il faut donc que les causes générales de l'antisémitisme aient toujours résidé en Israël même « et non chez ceux qui les combattirent (4). »

« La question juive, dit Théodore Herzl, existe partout où les Juifs vivent en nombre tant soit peu considérable. Là où elle n'existait pas, elle est importée par les immigrants juifs. Nous allons naturellement là où l'on ne nous persécute pas, et là encore la persécution est la conséquence de notre apparition. Cela est vrai et demeurera vrai partout, même dans les pays de civilisation avancée — la France en est la preuve — aussi

---

1 — ✿ Bernard Lazare, *L'antisémitisme* (1934), t. I, p. 53.
2 — ✿ Simon Dubnow, *Weltgeschichte des Jüdischen Voikes* (1925-1930), t. ii, p. 49-53.
3 — ✿ Kadmi Cohen, *Nomades* (1929), p. 133.
4 — ✿ Bernard Lazare, *op. cit.*, t. I., p. 42.

longtemps que la question juive ne sera pas résolue politiquement. Les Juifs pauvres apportent maintenant avec eux l'antisémitisme en Angleterre, après l'avoir apporté en Amérique (1). »

Parmi les populations, dit le même auteur, l'antisémitisme grandit de jour en jour, d'heure en heure, et doit continuer à grandir parce que les causes continuent à exister et ne sauraient être supprimées (2). »

Ces causes étaient multiples chez les chrétiens, les mahométans et les païens, depuis l'antiquité jusqu'à nos jours. Religieuses et économiques à certaines époques, nationalistes et raciales à d'autres moments, elles culminaient toujours dans le sentiment d'héberger des fractions d'un autre peuple dont l'orgueil et l'intransigeance les empêchent de s'assimiler à leur entourage. Se considérant comme infiniment supérieurs, les Juifs refusaient dès le commencement de leurs pérégrinations, de se mêler aux autochtones.

« Peuple énergique, vivace, dit encore Bernard Lazare, d'un orgueil infini, se considérant comme supérieur aux autres nations, le peuple juif voulut être une puissance. Il avait instinctivement le goût de la domination puisque, par ses origines, par sa religion, par la qualité de race élue qu'il s'était de tout temps attribuée, il se croyait placé au-dessus « de tous (3). »

« Même détachés des antiques traditions de leur culte, dit Mlle' Marguerite Aron, ils conservent, obscurément, au plus profond d'eux-mêmes, la conscience d'avoir été choisis « pour être les dépositaires de l'absolue vérité. Ils n'accordent pas volontiers qu'ils peuvent se tromper dans leurs opinions morales, et, quand il s'agit de reconnaître chez un autre une opinion contraire et de la respecter, le sens de la justice, pourtant si fort en eux, est supplanté par l'indignation et la colère (4). »

Orgueil infini, goût de la domination ; irritabilité dès que quelqu'un émet une opinion qu'ils ne partagent pas, ce sont exactement les traits de caractère que nous venons d'attribuer aux Juifs. Ce ne sont pas des traits qui font aimer un peuple que l'on a accueilli chez soi, bien au contraire, ce sont les sources de l'antisémitisme universel.

---

1 — ✡ Théodore Herzl, L'Etat Juif (1926), p. 48-49.
2 — ✡ Théodore Herzl, L'Etat Juif, p. 84.
3 — ✡ Bernard Lazare, op. cit., t. I, 186-187.
4 — ✝ Marguerite Aron, Prêtres et religieuses de Notre-Dame de Sion. (1936), p. 27-28.

« Devant l'unanimité des manifestations antisémitiques, il est difficile d'admettre, comme on a été trop porté à le faire, qu'elles furent simplement dues à une guerre de religion ; et il ne faudrait pas voir dans les luttes contre les Juifs la lutte du polythéisme contre le monothéisme et la lutte de la Trinité contre Jéhovah. Les peuples polythéistes, comme les peuples chrétiens, ont combattu, non pas la doctrine du Dieu Un, mais le Juif.

« Quelles vertus ou quel vices valurent au Juif cette universelle inimitié ? Pourquoi fut-il tour à tour, et également, maltraité et haï, par les Alexandrins et par les Romains, par les Persans et par les Arabes, par les Turcs et par les Nations chrétiennes ? Parce que partout, et jusqu'à nos jours, le Juif fut un être insociable (1). »

Bernard Lazare se demande ensuite pourquoi le Juif est insociable et il répond : « Parce qu'il est exclusif. » Nous pourrions continuer en demandant : Pourquoi est-il exclusif ? et à nous de répondre : « Parce qu'il a toujours été et qu'il est encore orgueilleux. »

« Pendant toute la durée de la diaspora, explique Achad Haam, nos pères avaient la coutume de remercier Dieu de les avoir fait naître Juifs ... Tous admettaient comme un axiome qui ne se discutait pas que l'échelle de la création avait des degrés ; les minéraux, les plantes, les animaux, les hommes et enfin, tout en haut, les Juifs (2). »

Cet aveu d'un orgueil stupide et incommensurable ne date pas du Moyen Age ou de l'Antiquité, il n'est pas la suite de mauvais traitements ou d'une situation misérable. Son auteur, Achad Haam, pseudonyme d'Ascher Ginzberg, est mort en 1927. Il fit ses études à Berlin, à Vienne et à Bruxelles. D'après *The Jewish Encyclopedia*, il était dès sa jeunesse un connaisseur si éminent du Talmud que les rabbins de son entourage le consultaient. Nous verrons tout à l'heure que cela explique bien des choses. Auparavant nous constaterons qu'Achad Haam n'est pas le seul de nos contemporains à placer le Juif au sommet de l'échelle de la création.

Théodore Herzl, le créateur du sionisme, écrivait le 18 août 1902 à Lord Rothschild :

« Notre race est en toutes choses plus capable que la plupart des autres peuples ; c'est la cause de leur haine (3). »

---

1 — ✡ Bernard Lazare, *op. cit.*, t. I., p. 43.
2 — ✡ Achad Haam, *Am Scheidewege* (1923) t. II, p. 103-104.
3 — ✡ Theodor Herzl, *Tagebücher* (1922-1923), t. III, p. 282,

M. Samuel Roth reprend la même pensée, mais il précise davantage :

« L'Europe n'a pas seulement une façon juive de penser, mais tout ce qu'elle entreprend est déterminé par des personnalités juives ... Il n'y a pas de programme, de sentiment ou de conviction qu'un Européen puisse adopter sans suivre un Juif, que ce soit un Bergson, un Marx ou un Freud (1). »

« Les Juifs sont une rosée divine au milieu des peuples », dit à son tour M. Jacob Klatzkin, personnage important du monde juif actuel (2). Cette « rosée divine » a pour mission de devenir une « lumière parmi les nations (3). »

Et ainsi de suite.

D'où vient cet orgueil peu commun ? Comment expliquer que, de nos jours encore, des Juifs connus soient en proie à une fatuité aussi extraordinaire ?

Cet orgueil a toujours existé. On en trouve des traces multiples dans l'Ancien Testament. On nous objectera que l'Ancien Testament fait partie des écrits qui sont à la base du christianisme. Il faut s'entendre et ne pas chercher dans l'Ancien Testament ce qui ne s'y trouve pas. Ce sont des Juifs qui l'ont écrit et le contenu n'exprime pas toujours des sentiments chrétiens, puisque ceux-ci relèvent du christianisme, couronnement de la révélation divine, réalisée par le Christ et ses apôtres. Couronnement que les Juifs ont rejeté pour s'enfoncer dans les erreurs, codifiées dans le Talmud.

Voici quelques extraits du Talmud :

« L'homme fut créé uniquement pour vous apprendre que si quelqu'un détruit une seule âme juive, cela lui sera imputé à faute, comme s'il avait détruit le monde entier, et si quelqu'un sauve une seule âme juive, cela lui sera compté comme s'il avait sauvé le monde entier (4). »

---

1 — ✡ Samuel Roth, *Now and forever* (1925), p. 55.
2 — ✡ Jakob Klatzkin, *Probleme des modernen Judentums* (1918), p. 33.
3 — ✡ Ben Eliezer, *Letters of a jewish father to his son* (1928), p. 9.
4 — *Synhedrin* 37 a ; ✡ Lazarus Goldschmidt, *Der Babylonische Talmud* (1930-1936), t. VIII, p. 603.

« Partout où ils [les Juifs] se rendent, ils deviennent les princes de leurs maîtres (1). »

« Tous les Juifs sont des enfants de roi (2). »

« B. Hanina disait : un non-juif qui frappe un Juif mérite la mort ... B. Hanina disait ensuite : Qui donne un soufflet à un Juif est coupable comme s'il souffletait Dieu (3). »

Et voici la contre partie :

« Si [quelqu'un tue] intentionnellement, il est évident qu'il doit être exécuté. » Raba répondit excepté le cas où il avait l'intention de tuer une bête et qu'il a tué un homme, ou qu'il avait l'intention de tuer un non-juif, et qu'il a tué un Juif (4). »

« Vous [Juifs] êtes appelés des hommes, les peuples du monde ne sont pas appelés des hommes (mais des bêtes (5)). »

Cet orgueil invraisemblable de la race « élue » va de pair, comme nous venons de le voir, avec le mépris pour les non-juifs. Puisqu'ils sont comparés à des bêtes, il est logique que « les rabbins aient dit qu'un non-juif n'a pas de père.

« Il ne faut pas motiver [cette sentence] par le fait qu'ils sont perdus dans l'impudicité et que l'on ne sait pas (qui est le vrai père d'un non-juif). Si on le sait pertinemment (par exemple, parce qu'il a été impossible à sa mère d'avoir eu des rapports avec un autre homme que son mari (6)), on devrait en tenir compte, mais il est préférable de n'en pas tenir compte, même si on le sait ... Concluez donc que le Très Miséricordieux a déclaré que leur semence est libre comme il est dit (*Ezechiel* XXIII, 20) *dont la chair est comme la chair d'un âne et le débordement de leur semence comme celui d'un cheval* [qui ont des membres d'âne et l'ardeur lubrique des étalons (7)]. »

---

1 — *Synedrin* 104 a ; ✿ Goldschmidt, *op. cit.*, t. IX, p. 101.
2 — *Sabbath* III a ; ✿ Goldschmidt, *op. cit.*, t. VIII p. 772.
3 — *Synhedrin* 58 b ; ✿ Goldschmidt, *op. cit.*, t. VIII, p. 696.
4 — *Makkoth* 7 b ; ✿ Goldschmidt, *op. cit.*, t. IX, p. 170.
5 — *Baba mezia* 114 b ; ✿ Goldschmidt, *op. cit.*, t. VII, p. 845.
6 — Les textes entre parenthèses sont des explications de M. Lazarus Goldschmidt. Malgré ces explications, le texte du Talmud est souvent bien compliqué et bien obscur, comme on peut s'en rendre compte par ce texte-ci.
7 — *Jebamoth* 98 a ; ✿ Goldschmidt, *op. cit.*, t. IV, p. 662.

C'est tout à fait charmant. Les non-juifs sont à tel point impudiques que l'on ne sait jamais qui est leur père et si on le sait, par hasard, il vaut mieux ne pas s'en souvenir. D'ailleurs, leur ardeur lubrique est comme celle d'un étalon. Ceci pour ce qui concerne les hommes.

Quant aux femmes :

« Tout homme, excepté un mineur, qui commet un adultère avec la femme d'un autre homme, excepté la femme d'un mineur, avec la femme de son prochain, excepté la femme d'un non-juif, devra être tué (1). »

C'est la conséquence du mépris de tout ce qui est non-juif : l'adultère d'un Juif avec une Juive est puni de mort, mais l'adultère avec une non-juive ne porte pas à conséquence.

Puisqu'ils sont si pervertis, tout est permis aux non-juifs.

« Un non-juif peut avoir des rapports avec sa fille ? Mais alors pourquoi Adam (2) n'a-t-il pas pris sa fille ? [Il ne l'a pas prise] afin de permettre à Caïn de prendre sa sœur (3). »

Et que l'on ne dise pas que tout cela est périmé et qu'à notre époque les Juifs ne font plus ces distinctions entre Juifs et non-juifs. On n'a qu'à lire attentivement la littérature juive pour se rendre compte que leur présomption est restée toujours la même. Voici un exemple entre plusieurs.

Schalom Asch est un romancier qui, selon le *Jüdisches Lexikon* (4) peint la vie juive d'une façon simple et d'après nature. Dans son roman, *Le soldat juif*, il fait écrire par un père juif à son fils :

« Et si tu es en garnison dans une ville, cherche-toi une honnête fille de famille. Fréquente ses parents, parle de mariage. Ainsi tu auras ton ordinaire assuré, la fille lavera ton linge. Mais, mon gars, ne la rends pas malheureuse ... c'est une fille juive (5) ... »

Dans une autre nouvelle, le même auteur fait encore comprendre qu'une jeune fille juive est sacrée, parce que juive. La scène se joue dans

---

1 — *Synhedrin* 52 b ; ✿ Goldschmidt, *op. cit.*, t. VIII, p. 673.

2 — Les Juifs considèrent Adam comme ayant été un non-juif. Le premier Juif fut Abraham.

3 — *Synhedrin* 58 b ; ✿ Goldschmidt, *op. cit.*, t. VIII, p. 695.

4 — *Jüdisches Lexikon*, t. I., col. 489.

5 — ✿ Schalom Asch, *Le soldat juif* (1922), p. 29.

la chambre à coucher de Salomon. Il tend la main à la jeune fille qui a préparé son lit. Elle ferme les yeux et se laisse choir dans ses bras ... Tout à coup, Salomon revient à lui et se dit : Une jeune fille juive est égale à une fille de roi, et quittant la chambre, il lui dit :

« Non, Rachel, tu dois te marier (1). »

Le père conseillait à son fils de ne pas abuser de la jeune fille juive qui laverait son linge, parce qu'elle était juive, et Salomon repoussait la tentation parce qu'une jeune fille juive est égale à une fille de roi ı C'est exactement le même esprit qui amenait le Talmud à faire la distinction entre une Juive et une non-juive.

Il est impossible d'extirper de l'âme juive l'influence talmudique millénaire. Ses principes sont entrés dans le sang des Juifs. Leur orgueil est devenu la pierre angulaire de leur système de défense. Un correspondant juif occasionnel de *la Juste Parole*, revue judéophilissime, en s'adressant à un député qui avait osé rappeler le danger juif, le menace :

« Mais prenez garde : tout ne finit pas ici-bas. Vous aurez des comptes à rendre un jour. Nous sommes le « Peuple spirituel » de Dieu et celui qui nous touche, touche à la prunelle de ses yeux (2). »

Même chez certains Juifs convertis, l'idée persiste que tout se fait en fonction des Juifs.

M. René Schwob écrit qu'au point de vue surnaturel l'histoire du monde est celle des Juifs.

« Si bien que rien n'importe davantage que leur conversion, ou plus exactement leur retour à l'invisible vivant. Le jour où ils seront rentrés en possession de leur héritage, le monde n'aura plus de raison de subsister (3). »

C'est une preuve indéniable que l'orgueil s'est emparé si profondément de l'âme juive que, même un homme comme M. René Schwob, de religion catholique, et qui considère tout uniquement sur le plan spirituel, en arrive à la conclusion que le monde n'a plus aucune raison de subsister lorsque les Juifs seront sauvés. L'idée de ce qui arrivera aux autres âmes ne lui vient même pas à l'esprit.

---

1 — ✡ Schalom Asch, *Von den Vätern* (1931), p. 106-107.
2 — *La Juste Parole* du 5 août 1937, p. 20.
3 — ✞ René Schwob, *Moi, Juif,* (1929). p. 286.

Si l'empreinte juive a encore une telle force sur un Juif sincèrement converti, que doivent penser les Juifs de religion juive ?

Le Juif se sent supérieur à son entourage non-juif ; il a un profond dédain pour tous ceux qui n'appartiennent pas à sa race. Il considère comme ennemis tous les peuples de la terre, il complote éternellement contre eux. Aussi longtemps qu'il se sent inférieur en force, il dissimule, on le voit paraître encadré de pasteurs ou de prêtres, prêts à défendre sa cause, il envoie des adresses aux Papes, il se fait distinguer comme soutien du trône, il se signale par sa charité. Mais, dès qu'il se sent en force, dès qu'un des siens est, par exemple, Président du Conseil, il se souvient de sa supériorité imaginaire ; dans un pays où sur 10.000 habitants il n'y a que cinquante Juifs, il fait occuper environ la moitié des sièges du gouvernement par ses frères de race.

« Dans des moments de déséquilibre historique, dit M. Hans Rosenfeld, les Juifs n'apparaissent pas aux yeux du peuple menacé comme un modèle enviable d'heureuse synthèse, mais bien au contraire comme un objet d'horreur et de haine, parce que son légitime instinct de conservation se cabre contre leur individualisme démesuré et sans entraves (1). »

Ils sont dangereux ces idéalistes orgueilleux qui prétendent remplacer les formes sociales, basées sur des traditions séculaires, par des chimères internationalistes qui aboutiront à un régime où Israël deviendra, selon les *Archives israélites*, « le lien des peuples. »

« Le Seigneur a dit : « vous serez un royaume de Cohenin » ; et c'est afin que nous le devenions que Juda a dû être dispersé parmi les nations. Ce n'est pas en nous attachant au sol que nous remplirons notre destination ; c'est l'industrie, l'esprit de commerce et d'entreprise qui nous pousse à quitter le sol natal (trop souvent par les persécutions) et à devenir le lien des peuples (2). »

Déjà Flavius Josèphe, l'historien juif de l'époque de la destruction du temple, disait hardiment :

---

1 — ✡ Hans Rosenfeld dans la *Revue juive de Genève*, de février 1936, p. 205.

2 — *Archives israélites* du 15 janvier 1869. t. XXX, p. 53, d'après Georges Vitoux : *L'agonie d'Israël* (1891), p. 121-122.

« que nuls autres ne peuvent donner de si bons préceptes que nous (1) »

et les juifs du ghetto s'imaginaient que tout existait à cause des Juifs :

« Dieu créa le monde uniquement à cause des Juifs et de la Tora. S'il n'y avait eu de Juifs, il n'y aurait pas eu de monde, Dieu n'existe que pour Israël, il n'existe pas pour les païens. Dans le ciel, il y a des synagogues où Dieu est assis en compagnie des grands rabbins pour discuter la Halacha [la partie juridique et casuistique du Talmud] ... Puisque Dieu est un Juif pieux et exclusif, il ne peut rien avoir de commun avec un païen. Du fait que celui-ci a rejeté la Tora, il est physiquement impur et bestial. Israël est le froment, les païens ne sont que paille et immondices. » (2)

Un auteur juif contemporain constate qu'au

« moment où eut lieu la dispersion, le peuple juif avait atteint une si grande maturité historique que, psychologiquement, il lui était difficile de se mélanger avec des éléments ethniques qui ne lui étaient apparentés ni par leur nature ni par leur conception du monde. Son caractère était formé et ne se laissait plus modifier. Ainsi s'assimile mal celui qui émigre sur ses vieux jours. D'autre part, le peuple juif, orgueilleux, se considérait comme élu. En proie au « complexe de supériorité », il regardait de haut le monde païen (3). »

C'est tout à fait exact, un non-juif ne saurait mieux dire. Leur « complexe de supériorité » les fait regarder de haut les misérables goïm qui, d'ailleurs, n'ont été créés qu'à cause des Juifs.

Ces déclarations d'une intolérance et d'un orgueil insupportables ne datent pas seulement de l'époque du Talmud. Nos contemporains émancipés et « assimilés » estiment encore maintenant que ceux qui n'appartiennent pas au peuple élu ne sont que des goïm qui ne peuvent avoir un idéal aussi élevé que celui des Juifs.

Le rabbin Moïse Gaster disait au IIIème Congrès sioniste à Bâle, d'après le protocole sténographique :

« Nous avons toujours devant les yeux un grand idéal qui ne peut être comparé à celui des autres peuples. Nous poursuivons la réalisation

---

1 — ✿ Flavius Josèphe : *L'histoire de la guerre des Juifs*, livre II. chap. x.
2 — ✿ M. Beer dans la *Neue Zeit*. 1894, t. II. p. 416.
3 — ✿ S. Poliakoff dans la *Revue juive de Genève* d'avril 1937, p. 314-315.

de cet idéal depuis des siècles ... Nos aspirations et notre idéal ne sont pas ceux du monde entier ; c'est la raison qui nous rend différents et, je le proclame solennellement, très supérieurs à toutes les nations du monde, car aucune nation ne peut se comparer à nous (1) ...

Cette idée que rien au monde ne peut être comparé au Juif, a tellement imprégné son esprit, que le Juif dit souvent les plus grandes énormités, sans s'en rendre compte. Prenons-en quelques-unes dans divers domaines.

Jassuda Bédarride, bâtonnier de l'ordre des Avocats à la Cour de Montpellier, raconte avec le plus grand sérieux qu'il fallait aux chrétiens une longue expérience pour les décider à accepter les bienfaits que leur offraient les Juifs.

« Plusieurs siècles devaient s'écouler avant que la raison pût remporter cette victoire sur le préjugé, et lorsque les Juifs se disposaient à enrichir la France et l'Italie du tribut de leur savoir, le fanatisme du Moyen-Age devait leur en marquer sa reconnaissance par les plus violentes persécutions (2). »

Jusqu'ici tous les historiens ont admis que les moines avaient été les premiers à cultiver les sciences et à les enseigner en Europe, mais le bâtonnier juif de Montpellier nous apprend que ce furent les Juifs. Quant au Moyen-Age, le même auteur nous enseigne que les Juifs « avaient attaché leur nom à tout ce qui s'était fait de grand et d'utile dans le Moyen-âge (3). »

Lorsque Théodore Herzl se demandait où l'on pourrait installer son Etat juif, il constatait, que, l'effervescence régnant en Turquie, les grandes puissances pourraient être amenées à partager ce pays, ce qui enlèverait aux Juifs la possibilité de s'établir en Palestine. Et Herzl d'écrire dans ses mémoires :

« Nous pourrions alors, peut-être, obtenir du Congrès européen un pays neutre, comme la Belgique ou la Suisse (4). »

Ni plus ni moins ! Que vaut l'héritage d'un misérable Suisse ou d'un pauvre Belge en face des désirs d'un Juif, membre du peuple-roi !

---

1 — E. von Engelhardt : *Jüdische Weltmachtpläne* (1936), p. 10.
2 — ✡ I. Bedarride : *Les Juifs en France, en Italie et en Espagne* (1859). p. 98.
3 — ✡ I. Bedarride : *op. cit.*, p. 107
4 — ✡ Theodor Herzl : *Tagebücher*, t. I., p. 309,

Maintenant que les Juifs nous ont dotés de la fameuse Société des Nations, ce sera elle peut-être qui, par sa paix collective, nous amènera la guerre, et, dans l'esprit des Juifs, leur procurera non seulement la Suisse ou la Belgique, mais le monde entier.

Il y a dans la littérature des exemples tout aussi savoureux. Israël Zangwill, dans une de ses nouvelles, *The Master of the Name*, fait entrer dans l'humble cabane d'un Juif de Pologne une princesse égarée à la chasse. L'enfant du Juif ne pouvait détourner ses yeux admiratifs de la belle princesse et de ses superbes vêtements. « Qu'elle est belle », dit-il enfin. Sur quoi, son père murmure gentiment :

« Petit idiot, *little fool*, dans l'autre monde, la princesse allumera le fourneau pour nous (1). »

En poésie, il en est de même :

« *J'ai entendu ta voix*
« *Dieu châtié*
« *Dieu cloué*
« *Triste Dieu en agonie.*

« *J'ai péché contre mon peuple*
« *Mon peuple d'intelligents*
« *Mon peuple d'orgueilleux.*
« *Car j'ai dit*
« *Heureux les pauvres en esprit.*
….. ….. ….. ….. ….. …..
« *J'ai péché contre mon peuple*
« *Mon peuple de vengeurs*
« *Mon peuple de haineux*
« *Mon peuple de justes.*
« *Car j'ai dit*
« *Ne résistez pas au méchant.*
….. ….. ….. ….. ….. …..
« *Je t'ai entendu*
« *Je t'ai entendu*
« *Juif coupable*
« *Grand Juif en larmes* (2). »

---

1 — ✡ I. Zangwill : *Dreamers of the ghetto* (1899) p. 228.
2 — ✡ Albert Cohen : *Paroles juives* (1921), p. 189, 190 et 197.

En effet, Notre-Seigneur, doux et humble de cœur, quel contraste avec le Juif impitoyable et orgueilleux !

Même dans la peinture juive on rencontre des manifestations de leur orgueil. Un tableau de Moritz Oppenheim, intitulé *Der Dorfgeher*, représente un Juif sortant de sa maison avec son enfant. Pour bien marquer qu'il s'agit d'un Juif, le peintre lui fait toucher la *Mesusa* (petite boîte allongée, contenant quelques textes de la Tora, que les Juifs fixent au montant de leur porte d'entrée). Pendant que le père touche la *Mesusa*, le petit Juif donne une aumône à un petit mendiant, très blond d'un type aryen prononcé, qui se tient humblement devant le jeune Juif.

En ce qui concerne la musique, Disraeli écrivait « presque chaque grand compositeur ou musicien habile, presque chaque voix qui ravit par ses délicieux accents provient de notre race (1). » Leur superbe ne se borne pas à la musique, « dans chaque pays de l'Europe les Juifs sont, d'après Zangwill, au premier rang parmi les coryphées de tous les arts (2). »

Certes, il y a des Juifs clairvoyants qui se rendent compte de l'absurdité de leur orgueil, mais ce sont des exceptions.

« Le monde environnant, dit M. Joseph Kastein, n'a aucun besoin de nous. Il importe en présence de l'orgueil juif que cela soit dit une bonne fois avec toute la netteté désirable. Certes, il serait malaisé de se représenter le visage spirituel du monde en en retranchant l'existence de l'esprit juif, et il est tout aussi vrai que le monde est prêt à accepter du Juif tout ce qu'il peut offrir en fait de prestations et d'accomplissements techniques, spirituels et matériels ; mais, considéré sous son angle particulier du point de vue de ses propres besoins et de ses intérêts immédiats et réels, il n'a que faire du judaïsme, il ne veut point du judaïsme, ce judaïsme l'importune et il le hait. Il n'y a pas de peuple pour accepter volontiers le Juif. Et tout peuple qui l'accepte cède seulement à des considérations morales, politiques ou économiques (3). »

Si cette conception pouvait se généraliser, il y aurait espoir d'arriver à une solution de la question juive, mais il en est, hélas, tout

---

1 — ✿ Disraeli : *Coningsby* (1849), p. 253.

2 — ✿ Samuel Roth : *op. cit.*, p. 88.

3 — ✿ Joseph Kastein dans les *Cahiers Juifs* (1935), n° 18, p. 161.

autrement. En général, on constate que tout homme qui ne chante pas la louange d'Israël est déclaré antisémite, et, par conséquent, insupportable et exaspérant.

« Il faut donc que la liberté de l'opinion soit restreinte en ce qui concerne cette calomnie [antisémite], que la liberté du commerce soit limitée, en ce qui concerne la vente de ce poison par la presse et la librairie ... Il faut que les grands Etats libres suppriment cette littérature en chargeant le ministère public de poursuivre pour calomnie leurs auteurs avec ou sans plainte des organismes représentatifs des Juifs et des Israélites. Il faut que les grands Etats libres, assemblés autour de la table verte des conférences internationales, sachent obliger les petits Etats à en faire autant (1). » Afin que le Juif puisse remplir « son rôle historique, rôle conforme à la volonté de la Providence ... [de] servir à notre époque bouleversée de phare dans la nuit des temps (2). »

A nous, pauvres *goïm*, le rôle du silence, toute critique du peuple-phare sera considérée par l'orgueil juif comme un crime de lèse-majesté.

---

1 — ✡ Elie Cohen : *La question juive devant le droit international public.* (1922), p. 171.
2 — ✡ Josué Jehouda dans la *revue juive de Genève*, de décembre 1936, p. 101.

Moritz Daniel Oppenheim, *Der Dorfgeher*

ORGUEIL RACIAL

L'orgueil de tribu,

« Ce souci de préserver la race de toute adultération, s'observe chez les Juifs, selon M. Kadmi Cohen, d'une façon ... remarquable. L'histoire de ce peuple, telle qu'elle est consignée dans la Bible insiste à chaque instant sur la défense de s'allier avec des étrangers. Les références abondent. C'est au commencement de leurs destinées à l'époque des Patriarches, l'obligation pour les Hébreux de chercher femme dans leur propre tribu. C'est, sous Salomon, la transgression de cette règle, la présence d'épouses étrangères dans le lit du roi, qui assombrit la fin de son règne glorieux ; c'est au retour de la captivité de Babylone, ordonné par Esra et Nehémie, le renvoi brutal, urgent, immédiat, de toutes les femmes de race étrangère, épuration violente du sang ancestral. Et de nos jours, comme il y a trente siècles, la vivacité de ce particularisme de race se fortifie et se mesure à la rareté des mariages mixtes entre Juifs et non-juifs (1). »

Les législations d'Esra et de Néhémie, près de cinq siècles avant notre ère, défendaient tout mélange de sang. Certes, le sang de l'Hébreu était, à cette époque, déjà loin d'être pur ; il résultait d'un antique mélange de la race blanche avec la race noire, mais Esra et Néhémie ont empêché tout métissage ultérieur par des mesures draconiennes.

Revenu de Babylone et ayant reconstruit le temple, Esra constata que « la race sainte s'est alliée avec les peuples de « ces pays (2). »

Il fit alors :

« Une proclamation dans Juda et à Jérusalem, appelant tous les fils de la captivité à se réunir à Jérusalem, avec menace, d'après l'avis des chefs et des anciens, que quiconque n'y serait pas rendu dans les trois jours, aurait tous ses biens confisqués et serait lui-même exclu de l'assemblée des fils de la captivité (3). »

---

1 — ✿ Kadmi Cohen, *op. cit.*, p. 27.
2 — *Esra*, IX, 2.
3 — *Esra*, X, 7, 8.

Tous les hommes se rassemblèrent donc et nommèrent des délégués pour discuter les mesures à prendre et dresser la liste de ceux qui avaient épousé des étrangères et de ceux qui en avaient eu des enfants. Tous, sans exception, furent obligés de renvoyer leurs femmes.

« Je vis des Juifs, écrit Néhémie, qui avaient pris des femmes Azotiennes, Ammonites, Moabites. La moitié de leurs fils parlaient l'azotien, et ne savaient pas parler judéen, mais une langue ou une autre. Je leur fis des réprimandes et je les maudis ; j'en frappai plusieurs, je leur arrachai les cheveux, et je les adjurai au nom de Iahvé en disant : Vous ne donnerez point vos filles à leurs fils et vous ne prendrez point leurs filles pour vos fils ou pour vous (1). »

« Il y avait six cent quarante-deux Juifs qui ne purent pas faire connaître leur maison paternelle et leur race pour montrer qu'ils étaient d'Israël » et plusieurs prêtres « qui cherchèrent leur titre dans les registres généalogiques, et ne le trouvèrent point. On les exclut du sacerdoce comme impurs (2). »

On ne peut nier que ces mesures aient été inspirées par des principes raciaux. Ceux qui ne pouvaient prouver leur ascendance juive ou qui cherchaient en vain leur nom dans les registres généalogiques furent exclus du peuple d'Israël ou du sacerdoce. On ne demandait pas s'ils se conduisaient bien ou s'ils observaient les commandements de Iahvé, on demandait seulement de quel sang ils étaient issus.

Dans les familles orthodoxes on évite encore aujourd'hui, avec le même soin, les mariages mixtes, du moins en ce qui concerne les fils, parce qu'un mariage avec une non-juive ferait entrer un sang impur dans une famille juive. Pour ce qui concerne les jeunes filles, on n'est plus aussi strict, parce que leur mariage fait entrer du sang juif dans une famille non-juive. C'est ainsi que tous les hommes de la famille Rothschild ont épousé des Juives (3), tandis que les femmes ont épousé, l'une un duc de Gramont, l'autre un duc de Wagram ; d'autres encore un lord Battersea, un lord Rosebery ou un membre de la maison des lords Hardwicke.

---

1 — *Néhémie*, XIII, 23-25.

2 — *Néhémie*, VII, 61, 65.

3 — Il y a cependant une exception. L'actuel lord Rotchschild qui vient de succéder à, son oncle, a épousé une Aryenne. Mlle Barbara Hutchinson, qui adopta la religion Juive lors de son mariage.

Les Juifs tirent un grand orgueil de s'être toujours refusé à épouser des femmes non-juives :

« N'avons-nous pas aujourd'hui, dit M. Samuel Roth, autant de droit de nous appeler un peuple qu'à n'importe quel moment de notre histoire, alors que chaque peuple, qui se permettait le luxe de s'allier par le mariage à ses voisins, est maintenant honteusement dégénéré, ou n'existe plus que dans la mémoire exclusive et raffinée des historiens (1) ? »

Ce sont les Juifs qui, les premiers, ont pris des mesures tendant à conserver la pureté de leur race, pour autant qu'on puisse appeler « pure » une race aussi mélangée dès son origine. Avec cette seule restriction, on peut dire que, depuis Esra et Néhémie, la pureté de la race juive a été défendue vigoureusement, par des mesures appropriées.

Actuellement, on reproche beaucoup à l'Allemagne de suivre une « politique raciale » et de se défendre contre le métissage. N'étant pas ethnologue, nous n'entendons pas nous prononcer sur la question raciale. Les controverses que cette question suscite nous semblent exagérées et surtout illogiques.

Ou bien on est partisan d'une « politique raciale », ou bien on y est opposé. Si l'on critique le racisme allemand, on doit également être adversaire du racisme juif. Si, au contraire, on reconnaît, comme légitime la politique raciale des Juifs, pourquoi ne pas accorder la même légitimité à la politique allemande ? Dans les controverses actuelles, on voit généralement les défenseurs des Juifs critiquer violemment le racisme allemand. « Avoir deux poids et deux mesures est le plus mauvais de tous les partis », disait déjà d'Alembert. C'est malheureusement un « parti » caractéristique de notre époque.

Quoi qu'il en soit, que les mesures raciales soient recommandables ou non, les Juifs, de par leur propre conduite en cette matière, n'ont pas le droit de protester quand un peuple entend défendre son intégrité raciale.

— ✦ —

Chez les Juifs le *jus sanguinis* a toujours prédominé sur le *jus soli*. L'orgueil de tribu prime l'orgueil d'appartenir par naturalisation à tel ou tel pays.

---

1 — ✡ Samuel Roth, *op. cit.*, p. 49.

« C'est dans cet amour exclusif, dans cette jalousie, pourrait-on dire, de la race, écrit M. Kadmi Cohen, qu'est concentré le sens profond du Sémitisme, et qu'apparaît son caractère idéal. Le peuple est une entité autonome et autogène, ne dépendant pas d'un territoire, n'acceptant pas le statut réel des pays où il réside, refusant énergiquement les apports, pourtant féconds, des croisements et des métissages. Sans support matériel, sans appui externe, il cultive uniquement son unité. Sa vie est incluse en lui-même et ne relève que de la puissance vitale de sa volonté intrinsèque ; celle-ci existe pure, en dehors de toutes contingences qu'elle méprise ou qu'elle écarte (1). »

La voix du sang parle plus haut chez les Juifs que la voix de la religion. M. René Schwob dit que la religion n'est, chez la plupart des Juifs modernes, qu'une charpente sans vie :

« Par contre, une vanité ethnique s'y est substituée qui a fini par s'identifier intégralement à leur existence même. Et c'est la certitude qu'Israël est d'une autre essence que le reste de l'humanité (2). »

Cette déclaration d'un Juif converti est confirmée par le rabbin Max Joseph.

« La race, dit-il, nous empêche bien plus que la religion de nous mêler à notre entourage et de nous fondre en lui (3) », car, dit le *Jewish World*, « la nationalité n'est pas déterminée par le lieu où le hasard vous a fait naître, mais par la race à laquelle vous appartenez. »

Il importe peu de « savoir si les Juifs sont une race pure ou non, ou si les croisements se sont faits avec des races apparentées ou non ; l'essentiel est la constatation chez tous les Juifs d'une intime et profonde conviction d'être de souche très ancienne et de pouvoir faire remonter leur généalogie aux antiques Hébreux. Ils ont peut-être plus que tout autre peuple l'idée d'être de race pure. De là, un sentiment de supériorité (4). »

Cette supériorité, ils ne se gênent pas de l'affirmer lorsque des non-juifs parlent de pureté de race.

« Si les Chesterton et les Belloc parlent de pureté de race et de patriotisme, ils mentent effrontément. Ils savent que nous sommes

---

1 — ✿ Kadmi Cohen, *op. cit.*, p. 27-28.
2 — ✝ René Schwob, *op. cit.*, p. xiii.
3 — ✿ Max Joseph, *Das Judentum am Scheidewege* (1908) p. 19.
4 — ✿ Marcel Bernfeld. *Le Sionisme* (1920), D. 40.

d'une race plus pure que la leur. Ils savent que nous sommes de meilleurs patriotes qu'eux. Leur esclavage intellectuel envenime leur esprit et il est entendu qu'un jour nous pourrons les ignorer complètement (1). »

—◦—◦❋◦—◦—

Cet orgueil racial a pour conséquence inévitable que le peuple juif est resté jusqu'ici une unité qui ne s'est pas fondue dans son entourage.

« Nous sommes un peuple étranger vivant au milieu de vous, écrit M. Jacob Klatzkin, et nous voulons rester un peuple étranger. Un abîme infranchissable nous sépare de vous, votre esprit nous est incompréhensible, vos mythes, vos légendes, vos traditions nationales, ne sont pas les nôtres ; vos mœurs et vos usages, vos sanctuaires religieux et nationaux ..., vos joies et vos douleurs nationales, vos victoires et vos défaites, vos chants guerriers et vos héros, vos prouesses impitoyables, tout cela nous est aussi étranger que vos efforts, vos désirs et vos espoirs nationaux (2). »

« Celui d'entre nous qui appelle le pays étranger sa patrie a, en agissant ainsi, renoncé ignominieusement à notre revendication bi-millénaire. Celui d'entre nous qui appelle le pays étranger sa patrie commet la pire trahison à l'égard de notre peuple (3). »

« Il est vrai que nous sommes acclimatés partiellement à une culture étrangère, que nous sommes englobés dans son histoire et ses destinées, que nous sommes enracinés dans sa langue, dans sa littérature, dans ses arts ..., mais nous considérons tout cela comme notre malédiction et non pas comme une bénédiction (4). »

« Quoique nés ici, ou naturalisés ici, nous ne sommes pas du tout des Anglais. Nous sommes de nationalité juive — Juifs par la race et par la foi. — Nous ne sommes pas des Anglais (5). »

Walther Rathenau faisait exactement la même constatation quant aux Juifs d'Allemagne :

---

1 — ❋ Samuel Roth, *op. cit.*, p. 57.
2 — ❋ Jakob Klatzkin, *op. cit.*, p. 112.
3 — ❋ Jakob Klatzkin, *op. cit.*, p. 109-110.
4 — ❋ Jakob Klatzkin, *op. cit.*, p. 97-98.
5 — ❋ *The Sunday Chronicle* du 26 septembre 1915, d'après *The Fascist Quartely* d'avril 1935. p. 234.

« Au sein du monde allemand, écrit-il dans la *Zukunft* du 6 mars 1897, vit une race étrangère et isolée. Des hommes vêtus d'une façon voyante et aux gestes vifs et ardents. Un clan asiatique dans les sables de la plaine prussienne ... Étroitement unis entre eux et séparés du reste du monde, ils vivent à demi volontairement dans un invisible *ghetto*. Ils ne constituent pas un membre vivant de la nation, mais demeurent dans son corps comme un organisme étranger (1). »

Ce qui les empêche de devenir un membre vivant de la nation qui leur offre l'hospitalité, ce qui les fait demeurer dans son corps comme un organisme étranger, c'est surtout leur orgueil racial. Celui qui se considère supérieur à sen entourage peut, si cela lui est profitable, s'assimiler extérieurement, mais dans son for intérieur, il reste toujours fidèle à ses traditions.

« En Occident..., dit l'historien Simon Dubnow, la lutte pour l'égalité s'est poursuivie sous le signe de l'assimilation. Nombreux étaient les Juifs enclins à prendre pour leur vrai visage le masque de la nation-hôtesse dont ils s'étaient affublés (2). »

Ils peuvent même aller jusqu'à s'occuper des intérêts de leur pays d'adoption, mais lorsque ceux-ci sont contraires aux intérêts de la solidarité juive, il existe un moyen « des plus honorables » pour arranger cela. Un juif, M. Erich Kahler, nous expliquera ce moyen des plus honorables :

« Il est certain qu'en tant que Français, Anglais, Américains, responsables, les Juifs, surtout lorsqu'ils exercent des fonctions publiques, doivent penser et agir tout d'abord pour le bien de leur pays. Mais si un conflit devient inévitable, s'il est impossible de représenter à la fois les intérêts du pays et ceux de la solidarité juive et humaine, il existe un moyen des plus honorables : donner sa démission (3). »

Le Juif est donc à la disposition du pays qui l'a accueilli jusqu'à une certaine limite ; à partir de cette limite, il est Juif avant tout.

Se faire passer pour assimilé, tandis qu'on se considère en même temps comme appartenant au peuple juif peut avoir des conséquences fâcheuses :

---

1 — H. Kessler, *Walther Rathenau* (1933), p. 31.
2 — ✿ S. Dubnow dans la *Revue juive de Genève* de février 1937, p. 230.
3 — ✿ Erich Kahler dans la *Revue juive de Genève* de janvier 1937. p. 175.

En cas de guerre, « vous vous hâtez, dit M. Ludwig Lewisohn, de courir à ce que vous appelez la défense de votre pays, d'un élan dans lequel, une fois encore, il vous est impossible de discerner ce qui est volonté de ce qui est crainte. Impossible de ne pas apercevoir l'autre côté de la médaille, la coquinerie et la barbarie des deux camps. D'ailleurs, dans le fond de votre âme, vous n'avez que mépris pour le courage physique agressif. Votre horreur envers toute cette folie, cette saleté et ces mensonges est sans mesure. Mais vous avez pratiqué si longtemps le mimétisme protecteur, vous vous êtes si soigneusement donné ce qui ressemble à un caractère de Gentil, qu'en toute honnêteté il est trop tard pour vous en défaire. Oh non, vous n'êtes pas un lâche. Vous êtes un Juif ! Mais à force de vivre comme si vous n'en n'étiez pas un, vous avez donné au voisin le droit de vous appeler un lâche ou un traître, si, au moment du danger, vous tentiez de vous réfugier dans votre judaïsme. Et vous allez, vous souffrez, vous mourrez peut-être, de la mort d'un mime et d'un clown (1). »

Nous touchons à l'une des conséquences les plus discutées de la dualité que l'émancipation crée dans l'âme juive. Le Juif est-il un lâche et un traître s'il ne se bat pas courageusement pour son pays d'adoption ? Les Juifs eux-mêmes se divisent en deux camps sur cette question. Les uns disent que le Juif a le devoir de se battre pour le pays qui l'a accueilli et qu'il se bat courageusement. Les autres, qu'il n'est nullement obligé de donner son sang pour des peuples d'une autre race et qu'en agissant ainsi il est traître à Israël. Nous allons examiner les deux thèses en présence.

« Les Juifs, écrit le général Génie, qui autrefois ont perdu leur nationalité plutôt que de céder à l'Empire romain, maître du monde, les Juifs s'affirmèrent [lors de la grande guerre] aussi bons et valeureux soldats de l'indépendance que les autres Français. Seulement pour le Français de Bretagne, de Franche-Comté, de Flandre, etc... il est inutile de proclamer une telle vérité ; pour le Juif, au contraire, il semble indispensable de l'affirmer, avec preuve à l'appui, le préjugé ayant parfois une tendance à accréditer la thèse opposée (2). »

---

1 — ✿ Ludwig Lewisohn. *Israël, où vas-tu ?* (1930), p. 137.
2 — ✿ Génie dans *La question juive*, p. 47-48.

Et le général juif affirme que « la force de l'idée française a fait ce miracle de fondre dans le même creuset la forte race qui nous est venue du Levant, après avoir disputé sa nationalité aux Romains et avoir étonné le vainqueur en n'acceptant pas de défaites. Les fiers descendants de Judas Macchabée ne pouvant plus combattre pour leur patrie d'origine, s'en sont choisi une autre, et entendent combattre pour elle avec la même valeur que le grand ancêtre ... Les vertus de leur race, ils les ont employées au bénéfice de leur patrie d'adoption (1). »

Parmi les Juifs se battant, souvent volontairement, pour la France, il y avait entre autres le sergent Pierre David qui, dans une lettre à Charles Maurras, trouvée sur lui lorsqu'il était tombé, écrivait :

« Je suis venu à vous de bien loin. Né d'une famille juive, je me suis senti complètement détaché de la tradition juive, complètement Français ... A l'heure où vous lirez ces lignes, qui ne doivent vous parvenir que si je meurs, j'aurai définitivement acquis, en mêlant mon sang à celui des plus vieilles familles de France, la nationalité que « je revendique (2). »

Il fournit un exemple frappant du Juif qui, abandonnant tout orgueil racial, aspire à être admis, non seulement sur le papier, mais en réalité, dans la nation française et qui se rend parfaitement compte de la différence qu'il y a entre lui et les plus vieilles familles de France.

On cite volontiers aussi le cas du jeune Bloch, de Guebwiller, qui, habitant l'Alsace, alors allemande, s'était engagé dans l'armée française. Il partit pour l'Allemagne, pour y faire de l'espionnage et fut fusillé. On rappelle également le grand rabbin Abraham Bloch qui, parti comme aumônier volontaire, se fit tuer en présentant un crucifix à un mourant catholique. D'autres cas de courage individuel sont rapportés.

Il ne faut cependant rien exagérer. Il est incontestable que des Juifs se sont courageusement et volontairement battus, mais il est aussi incontestable qu'un grand nombre d'entre eux se sont embusqués, et que le pourcentage de leurs morts est inférieur au pourcentage des tués aryens. En Angleterre, il y avait un soldat tué sur cinquante-sept Anglais, tandis qu'il y avait un soldat tué sur cent soixante-treize

---

1 — ✿ Génie, *Ibidem*.
2 — Charles Maurras : *La dentelle du rempart* (1937), p. 306.

Juifs(1). En France, il y avait un soldat tué sur vingt-cinq Français, tandis qu'il y avait un soldat tué sur cent dix Juifs(2).

Il n'existe pas de statistique définitive pour l'Allemagne. Les chiffres indiqués varient entre 6.000 et 12.000 Juifs tombés. En nous basant sur la liste relevant les noms de 10.623 Juifs tués, publiée par le *Reichsbund jüdischer Frontsoldaten*(3) et en ne tenant pas compte de l'augmentation de la population juive depuis le recensement de 1910, nous arrivons au résultat d'un soldat tué sur trente-quatre Allemands, tandis qu'il y avait un soldat tué sur cinquante-huit Juifs.

— ※ —

Ceux qui contestent le courage juif rappellent le texte bien connu du Talmud :

« Quand tu t'en vas en guerre, ne marche pas en avant, mais en arrière, afin que tu puisses être de retour le premier(4). »

Bernard Lazare explique ce manque de courage par la position que le Juif a occupée pendant des siècles :

« Cet affranchi moral est un esclave social. Il ne dit pas : il faut nous défendre, mais : il faut nous faire défendre ; et il paie pour cela. Pourquoi ? Parce que depuis des siècles, il a été obligé de s'adresser au seigneur pour qu'il le défendît contre le peuple, au moine aussi ou à l'évêque. Que pouvait-il faire ? Rien. Il devait demander un secours, et, pour cela, payer. Comme on ne l'a pas éduqué civilement il est resté le même(5). »

« L'héroïsme guerrier n'est pas le propre des Juifs, dit M. Jacob Klatzkin, il se peut que nos ancêtres, il y a quelques milliers d'années, fussent de grands guerriers ; mais nous ne les avons pas entourés de gloire. Comme le disait le commentaire de Raschi sur le texte biblique :

« Et Jacob s'enfuit ... « Il avait peur de tuer et d'être tué(6). »

— ※ —

---

1 — *Blackshirt* du 8 août 1936, p. 1.

2 — Il y a eu 1.238 Juifs de l'Afrique du Nord tués contre 36.000 Arabes et 30.000 Sénégalais. *La Nouvelle Voix d'Alsace et de Lorraine* du 17 Juillet 1937 indique 1812 Juifs de France tués sur une population d'environ 200.000 et 1.500.000 Français tués sur une population de 38 millions.

3 — ✱ Reichsbund jüdischer Frontsoldaten. *Die jüdisciten Gefallenen* (1933). p. 419

4 — *Pesachim* 113 a ; ✱ Goldschmidt, *op. cit.*, t. II. p. 656..

5 — ✱ Bernard Lazare. *Le fumier de Job* (1928). p. 122-123.

6 — ✱ Jakob Klatzkin, *op. cit.* p. 159.

Beaucoup de Juifs citeront les Macchabées et leurs luttes épiques, comme exemple de leur courage. Une mise au point s'impose : Les Macchabées et autres guerriers juifs de l'antiquité se battaient pour l'indépendance de leur patrie ou pour réduire au silence des fractions de leur peuple avec lesquelles ils n'étaient pas d'accord. Ils étaient persuadés que toute la sollicitude de Jahvé allait à leur peuple, à leur vie nationale et spécialement à leurs guerres. Mais rien ne prouve que les qualités des Macchabées se soient perpétuées jusqu'à nos jours. Et ce ne sont pas les Juifs de l'antiquité qui nous occupent, mais les Juifs de notre époque. Or, sauf quelques rares exceptions, les Juifs n'ont jamais éprouvé un grand enthousiasme à se battre pour un pays qui n'est pas le leur et pour une nation à laquelle ils se sentent infiniment supérieurs.

« Le judaïsme, dit M. Jacob Klatzkin, n'a aucune raison d'être fier de ses héros de guerre. D'abord, ils ne se sont pas battus pour la cause d'Israël ; ils se sont battus pour l'Allemagne, pour la France, etc.. Ils n'ont pas combattu les ennemis d'Israël, mais les ennemis des Allemands, des Français, etc ... Il faut aussi admettre que beaucoup de ces héros sont des traîtres à la cause juive, qu'ils nous ont lâchement abandonnés dans la lutte si difficile pour notre existence nationale ; qu'ils ont fui leur drapeau ; qu'ils ont été des transfuges, des déserteurs juifs : des « assimilés (1) ! »

Un auteur juif, et non des moindres, accuse donc ici les Juifs d'avoir abandonné leur propre cause pour celle de leur patrie d'adoption. Un autre Juif, Kurt Tucholski, estime également que les Juifs n'ont aucun devoir à remplir envers le pays qui leur offre l'hospitalité et qu'ils ont donc le droit de le trahir :

« Soustrayez-vous à la guerre, autant que vous le pourrez, comme je l'ai fait moi-même et comme l'ont fait des centaines de mes amis. Le pays que, soi-disant, je trahis n'est pas mon pays, cet Etat n'est pas mon Etat (2). »

M. Arthur Ruppin explique la répugnance de beaucoup de Juifs pour le service militaire par le manque de force physique de beaucoup d'entre eux, par leur crainte d'une discipline trop sévère, par l'appréhension de brimades à cause de leur appartenance à la race juive,

---

1 — ✡ Jakob Klatzkin, *op. cit.* p., 158-159.

2 — ✡ Kurt Tucholsky, d'après J. A. Keller, *Katholische Kirche und Judentum* (1931), p. 38.

enfin par les variations de leur nationalité (1). Cette dernière raison est probablement la plus importante. Comment exiger de quelqu'un qui considère le pays où il est établi comme un lieu d'exil, et qui, dans bien des cas, n'a pas quitté depuis longtemps le pays avec lequel sa patrie adoptive est en guerre, comment exiger de lui qu'il montre le même courage à s'exposer à la mort qu'un homme qui aime sa patrie, à laquelle il est attaché par toutes les fibres de son âme ? On peut très bien comprendre que le Juif montrera plus d'intérêt au métier des armes lorsqu'il aura un jour une patrie à lui, une vraie patrie à défendre.

En attendant, tous les Juifs ne sont pas de l'avis de ceux qui conseillent de se soustraire à la guerre. Certains pensent qu'il faut se battre, non par amour pour la patrie d'adoption, mais parce que leur orgueil leur commande d'agir ainsi.

M. Klatzkin estime qu'il n'y a aucunement lieu d'être fier d'un Juif qui se bat pour sa patrie d'adoption ; Théodore Herzl déclare que l'orgueil juif commande de se battre.

« Si les Juifs n'ont pas encore émigré, lorsque la prochaine guerre éclatera, tous les meilleurs d'entre eux devront partir pour les champs de bataille, qu'ils aient été acceptés ou refusés lors du recensement, qu'ils soient mobilisables ou non ; qu'ils soient en bonne santé ou malades. Ils doivent se traîner vers l'armée de ceux qui sont leurs actuels compatriotes, et s'ils se trouvent des deux côtés des combattants, ils tireront les uns sur les autres. Ils pourront considérer cela, les uns comme le rachat d'une dette d'honneur, les autres comme un acompte sur l'honneur futur (2). »

En examinant attentivement tout ce que les Juifs ont écrit eux-mêmes sur cette matière, on arrive à la conclusion que les Juifs, qu'ils se battent ou qu'ils ne se battent pas, se laisseront toujours guider par l'orgueil racial ; qu'ils soient courageux ou qu'ils ne le soient pas, ce sera toujours l'orgueil qui dictera leur attitude.

Notre conception du courage et de l'honneur n'est d'ailleurs pas conforme à la conception juive. Nous considérons, par exemple, comme

---

1 — D'après ✿ Rudolf Wassermann, *Beruf. Konfession und Verbrechen* (1907), p. 62.
2 — ✿ Théodor Herzl, *Tagebücher*, t. I., p. 81.

un lâche attentat le fait d'entrer armé dans la maison d'un homme non armé, qui ne se doute de rien, et de l'assassiner par surprise.

C'est ainsi qu'a agi David Frankfurter en assassinant Gustloff. Lors de son procès, il n'était nullement accablé de honte et de remords. IL a même la prétention de dire son fait au procureur, il insulte le représentant du ministère public : Vous avez agi et parlé contre votre conscience. » Le criminel orgueilleux critiquant et insultant un magistrat ! Et les Juifs de chanter en chœur la gloire de leur « héros. »

M. Emile Ludwig publie un livre. M. Georges Zérapha écrit que « tous les hommes de cœur comprendront et approuveront Frankfurter (1). » *Le Droit de vivre* estime que « le tribunal de Coire s'est déshonoré (2). »

La Terre retrouvée insinue que le « traité de commerce germano-suisse devait être renouvelé ; à ce renouvellement, le canton des Grisons est particulièrement intéressé ; le nombre des touristes allemands, leur facilité à avoir des devises, en dépendent. Et les touristes allemands constituent environ 80 % de l'industrie hôtelière du canton. Comprenez-vous, à présent (3) ? » *L'Univers israélite* rapporte que M. Henry Torrès estime que Frankfurter est victime d'une condamnation monstrueuse » et qu'il faut « entreprendre une vigoureuse action sur l'opinion publique, car la cause de Frankfurter est la cause du judaïsme tout entier (4). » *La Conscience des Juifs* déclare que Frankfurter est un héros authentique, un homme absolument « pur (5). » Un autre auteur juif considère le verdict de Coire comme un déni de justice (6). »

Toute la presse juive, depuis l'*Univers israélite* jusqu'au *Droit de vivre*, chante la gloire de Frankfurter, réclame son élargissement, parle de l'honneur et du courage de l'assassin. Chaque peuple a ses héros, les Juifs ont les leurs, ils sont fiers de leurs assassins : Jahel, qui assassina Sisara, Adler qui assassina Sturgkh, Schwarzbart qui assassina Petljura, Frankfurter qui assassina Gustloff... Bien d'autres encore ont abattu ceux « qu'ils considéraient comme ennemis de leur

---

1 — ✿ Georges Zérapha dans *la Conscience des Juifs* de novembre 1936, p. 4.
2 — ✿ *Le Droit de vivre* du 27 mars 1937.
3 — ✿ *La terre retrouvée* du 1er janvier 1937, p. 2.
4 — ✿ *L'univers israélite* du 12 janvier 1937, p. 361.
5 — ✿ *La Conscience des Juifs* de novembre 1936, p. 4.
6 — ✿ Pierre Bloch et ✿ Meran Didier, *L'Affaire Frankfurter* (1937), p. 84.

religion ou de leur race. Et leur gloire n'en a point été ternie », dit M. Elie Eberlin (1).

Nous avons une autre conception du courage, nos héros sont d'une autre espèce.

—◦◦❋◦—

Cette déviation de la conception du courage provient de la fausse situation dans laquelle les Juifs se trouvent placés par l'émancipation. D'une part, ils tiennent à leur race ; d'autre part, ils veulent se faire passer pour d'excellents patriotes dans les pays qui les ont accueillis.

A côté des Juifs qui ne craignent pas d'affirmer leur croyance en la supériorité de la race juive, il y en a d'autres qui parlent comme si le sang juif ne coulait pas dans leurs veines. Si l'attitude des premiers est compréhensible, celle des autres est parfaitement ridicule.

Disraeli peut être cité comme exemple de la première catégorie. Les quelques extraits qui suivent démontrent que, quoique baptisé et occupant une situation de premier plan dans son pays d'adoption, Disraeli n'a jamais caché qu'il était fier d'être de sang juif et qu'il était convaincu de la supériorité de sa race. S'adressant à un jeune Juif, Disraeli disait un jour :

« Vous et moi, nous appartenons à une race qui peut faire toute chose, excepté faillir (2). »

La pensée que la race juive était invincible ne le quittait jamais.

« Croyez-vous que la persécution calme et stupide par un décoratif représentant d'une Université anglaise, puisse écraser ceux qui ont bravé successivement les Pharaons, Nabuchodonosor, Rome et la féodalité ? Le fait est que vous ne pouvez détruire une pure race d'origine caucasienne. C'est un fait physiologique, une simple loi de la nature, qui a confondu les rois égyptiens et assyriens, les empereurs romains et les inquisiteurs chrétiens (3). »

Lorsque le 25 mai 1854, le Parlement anglais discutait une loi permettant aux Juifs de siéger. Disraeli qui, baptisé, n'était pas

---

1 — ✡ Elfe Eberlin dans *la Conscience des Juifs* de février 1937, p. 12.
2 — ✡ Theodor Herzl, *Tagebücher*, t. II, p. 465.
3 — ✡ Disraeli : *Coningsby* (1849), p. 250.

considéré comme Juif, déclara que les Juifs étaient un peuple glorieux et persévérant qui atteindrait tôt ou tard le but qu'il s'était fixé.

« Certes, conclut-il ironiquement, j'espère que le Parlement anglais existera jusqu'à la fin des siècles, mais je ne puis cependant m'empêcher de vous rappeler que les Juifs ont survécu aux rois d'Assyrie, aux Pharaons d'Egypte, aux Césars de Rome et aux Califes d'Arabie (1). »

Dans tous ses romans, Disraeli proclame la valeur de la race juive, et sa supériorité.

« Ni la langue ni la religion ne font ce une race — une seule chose fait une race, et c'est le « sang (2). » « La race est la clé de l'histoire ; et si l'histoire est si souvent confuse, c'est parce qu'elle a été écrite par des hommes qui ignorent ce principe et tout ce qu'il renferme (3). »

« Ni lois pénales, ni tortures physiques ne peuvent avoir pour conséquence qu'une race supérieure soit détruite ou, qu'elle soit absorbée par une race inférieure. Les races mélangées des persécuteurs disparaissent, mais la race pure des persécutés reste. En ce moment, en dépit de siècles, de dizaines de siècles de dégradation, l'esprit juif exerce une énorme influence sur les affaires d'Europe (4). »

Dans les *Archives israélites*, Disraeli a répété la même idée :

L'homme ne peut manquer d'échouer quand il tente de violer l'immuable loi naturelle qui veut qu'une race supérieure ne soit jamais détruite ou absorbée par une race inférieure (5). »

L'attitude d'un Disraeli est logique. Il considère la race juive comme infiniment supérieure à toutes les autres races et il ne cesse de le proclamer, malgré son baptême et malgré sa situation importante. Que dire d'autres Juifs qui considèrent, comme Disraeli, leur race supérieure à la nôtre, mais qui cachent leurs vrais sentiments en parlant comme s'ils étaient des Français de vieille roche ?

Un Isaac Crémieux est parfaitement ridicule quand il s'écrie :

---

1 — ✡ Simon Dubnow : *op. cit.* t. IX, p. 471.
2 — ✡ Disraeli, *Endymion* (1880) t. II. p. 205.
3 — ✡ Disraeli, *Endymion* (1880) t. II, p. 202.
4 — ✡ Disraeli, *Coningsby* (1849), p. 250.
5 — ✡ Disraeli dans *Archives israélites*, t. XIII, p. 32, d'après ✡ I. Bédarride, *op. cit.* p. 437.

« Ecoutez le chant de *nos pères* les Francs, marchant à la bataille ; Pharamond, Pharamond. » Ou un Porto Riche, dans le *Matin* du 17 octobre 1911 : « De tout temps, à toutes les périodes de *notre* histoire nationale, nous avons répugné aux tripotages. La France est essentiellement honnête. » Ou encore un Joseph Reinach : « *Nous* sommes toujours les Gaules amoureuses et militaires (1). »

Cette farce de se faire passer pour un Occidental autochtone tandis que l'on sait très bien que, si jamais le choix s'imposait, on défendrait la cause de la race juive, a été assez curieusement persiflée dans une des historiettes juives de Raymond Geiger.

« C'était avant la guerre, Lévy, de Francfort, établi à Paris depuis trente ans, naturalisé français, reçoit un jour la visite d'un cousin Weil, qui est resté à Barmen et y a fait souche. Promenade dans Paris, noce, dîners.

« Un soir, Weill dit à Lévy :

« — Dis donc, Otto, te rappelles-tu que tu me dois quelque chose ?

« — Quoi donc ?

« — Mais trois mille francs que je t'ai envoyés il y a vingt ans.

« — C'est vrai.

« — Mais alors, puisque tu as réussi, tu pourrais peut-être me les rendre.

« — Kurt, tu es mon cousin, tu es mon ami. Seulement, écoute bien : jamais, tu entends, jamais, tu ne les auras, avant que tu nous aies rendu l'Alsace et la Lorraine (2). »

—※—

Nous ne serions pas complet si nous ne disions quelques mots de l'orgueil racial des Juifs entre eux.

Les Juifs séphardiques qui habitaient autour de la Méditerranée et dont plusieurs se sont fixés en France, en Angleterre et en Hollande, ont un autre mélange de sang que les Askénazim qui ont habité surtout l'Europe orientale. Les Séphardim, appelés aussi « Juifs portugais » se croient infiniment supérieurs aux autres Juifs et n'ont jamais voulu se confondre avec eux. Au XVIIIe siècle, la différence entre les deux branches d'Israël était même si prononcée que si un Séphard épousait

---

1 — Robert Launay, *Figures juives* (1921), p. 7.
2 — ✡ Raymond Geiger, *Histoires juives* (1924), p. 191-192.

en Hollande ou en Angleterre une Askénaz, il perdait ses prérogatives et n'était plus reconnu comme membre de la synagogue séphardique ; il ne pouvait même pas être enterré au cimetière des Séphardim. De nos jours encore, les Séphardim d'Amsterdam possèdent leur propre synagogue et, sauf erreur, leur cimetière. Ils ne se mélangent pas aux Askénazim. En Palestine, un Juif philanthrope s'était imaginé qu'il pouvait éteindre la vieille inimitié entre les Askénazim et les Séphardim en donnant cinq livres sterling chaque fois qu'ils se marieraient entre eux, mais en dépit des cinq livres, somme considérable pour ces Juifs d'une extrême pauvreté, Askénazim et Séphardim préférèrent ne pas mélanger leur sang(1).

Lorsque Louis XVI avait chargé Malesherbes de préparer un projet d'émancipation progressive des Juifs, les Juifs séphardiques de Bordeaux s'y opposèrent violemment et ne voulurent à aucun prix être confondus avec les Askénazim d'Alsace. Le 8 mai 1788, ils écrivaient à leurs délégués auprès du Ministre :

« Vous pouvez représenter qu'ils le surchargent [le dogme religieux] de beaucoup de cérémonies ridicules, d'idées rabbiniques et qu'ils sont, en quelques manières, réellement asservis à toutes sortes de superstitions et de bigoteries, que cela les a encore rabaissés à nos yeux, au point de ne nous être jamais permis avec eux d'alliances sous les liens du mariage. Peut-être, s'il était absolument besoin, ne serait-il pas difficile de justifier par quelques recherches, la supériorité originaire qu'on a toujours reconnue aux Juifs portugais, et la tradition qui s'est toujours observée jusqu'à nos jours qu'ils descendent, sans aucun mélange, des anciens chefs de la nation juive qui furent enlevés de Jérusalem par Nabuchodonosor avant la captivité de Babylone et qui furent conduits en Espagne (2). »

« L'idée que les Juifs d'un pays quelconque, dit le rabbin Max Raisin, soient différents de tous les autres Juifs, c'est-à-dire mieux que les autres, cette idée n'est pas nouvelle. Aux Etats-Unis, les Juifs espagnols et portugais, puissants et glorieux, se croyaient très supérieurs aux Juifs d'Allemagne qui arrivaient en troupeaux, dans la première moitié du siècle dernier. Plus tard, les Juifs allemands d'Amérique, à leur tour, traitaient de haut les immigrants juifs de Russie et de Pologne, qu'ils aidaient charitablement, tout en évitant leur société. Chacun se souvient de la

---

1 — Jérôme et Jean Tharaud, *L'an prochain à Jérusalem !* (1924) p. 210-211.
2 — Henry Lucien Brun, *La condition des Juifs en France*. p. 24-25.

façon dont le Juif allemand d'avant Hitler méprisait l'*Ostjude*... L'année dernière, en Palestine, j'ai observé chez les Palestiniens, un sentiment à peu près pareil à l'égard des nouveaux venus d'Allemagne. Non sans dédain, on les appelle : « Yéqué(1). »

De quel coté que l'on regarde, on voit partout l'orgueil racial des Juifs, que ce soit de l'ensemble de la race élue envers les non-juifs, ou d'une branche juive envers une autre branche, à laquelle elle se croit supérieure.

---

1 — ✡ Max Raisin dans la *Revue juive de Genève* de février 1937, p. 192-193.

En 1930, Aristide Briand, Ministre des affaires étrangères de la France annonce à la Société des Nations le souhait de son pays d'offrir une tapisserie de la très célèbre Manufacture des Gobelins au futur Palais des Nations, dont la première pierre avait été posée quelques mois plus tôt.

« Nimbée des rayons d'un soleil d'aurore se levant sur le Palais des Nations à Genève et sur un paysage pastoral d'une quiétude infinie, la Paix s'avance, un rameau d'olivier à la main, belle et sereine comme une figure de l'antique dont elle semble avoir retrouvé le rythme. Et sur son passage, une mère tend son enfant, la moissonneuse sa gerbe, le vendangeur ses treilles alourdies, l'amour et la jeunesse, leurs promesses et leurs enthousiasmes, la science et la poésie leurs rêves et leurs conquêtes, cependant que les nations réconciliées s'étreignent et que l'Espérance, image de l'humanité souffrante, lève son voile et découvre son visage encore bouleversé. »

Jean Pedron, « Le Figaro » 23 janvier 1935.

L'ORGUEIL À LA CONQUÊTE DU MONDE

La conviction d'être appelés à exercer le pouvoir sur le monde entier date du jour où le peuple juif a cru à son élection. Cette conviction se compose d'éléments divers. Le Juif orthodoxe a la certitude d'avoir été choisi par Iahvé pour faire régner la justice et l'égalité dans un monde où il n'y aura ni pauvres ni riches et où Israël établira le culte de Iahvé. Ce rêve d'ordre religieux touche déjà à des questions sociales, mais il prend une forme plus concrète lorsqu'il affirme que les Juifs gouverneront la terre et établiront le royaume d'Israël. Ce royaume sera destiné à faire triompher « les valeurs juives » sur toutes les autres. Le rêve religieux étant dans son essence nationaliste, les deux rêves, religieux et nationaliste, s'entrecroisent à chaque instant ce qui empêche souvent de les distinguer l'un de l'autre.

S'il y a encore quelque idéalisme dans le rêve purement nationaliste, il n'y en a plus lorsque les Juifs entendent dominer le monde en accaparant les leviers de commande (spécialement la richesse). Ces diverses tendances à la domination mondiale : domination religieuse, domination nationale, domination économique, méritent d'être examinées de près. Afin que la description que nous en donnerons soit bien authentique, nous les considérerons uniquement à travers des écrits juifs.

« La race hébraïque, dit M. Georges Mossé, semble avoir été imprégnée, dès son origine chaldéenne et égyptienne, de cette certitude puissante que la civilisation qu'elle fondait était destinée à s'étendre irrésistiblement sur la terre. À n'importe quelle époque de son histoire et quel que soit le nom qu'il ait porté, dans l'indépendance comme dans la servitude, l'Hébreu a proclamé par ses illuminés et ses prophètes, qu'il était le peuple élu appelé à régénérer le monde (1). »

---

1 — ✡ Georges Mossé, *L'histoire inconnue du peuple hébreu* (1932) p.175.

C'est donc bien un trait d'orgueil que nous trouvons à l'origine de ses tendances à la domination mondiale. Seul un être orgueilleux peut se croire appelé à devenir la lumière du monde ; d'autre part, la foi à leur prédestination ne pouvait manquer de développer chez les Juifs un orgueil sans bornes. Devant cette tâche, imposée par Iahvé, tout doit s'incliner ; même, d'après certains Juifs, les anciens symboles religieux devraient être éliminés s'ils empêchent d'édifier le règne d'Israël, appelé à cette occasion le règne de la vérité.

« La tâche de ce siècle, dit Samuel Hirsch, qui est de faire régner ici-bas la vérité, la raison, la loi vraie et rationnelle puisée aux sources mêmes de l'esprit, cette tâche est précisément notre tâche religieuse ; il est donc de notre devoir religieux le plus sacré d'écarter de notre vie tout ce qui rend difficile ou impossible l'accomplissement de cette tâche... et si la pratique de nos anciens symboles religieux, au lieu de nous servir à toucher le but, nous empêche d'édifier ce règne de la vérité, alors il faudra faire appel au principe que pour servir Dieu, et conserver la loi, il faut la détruire (1). »

Tout est donc subordonné à la victoire définitive d'Israël sur le reste du monde. Le Juif n'a pas besoin de se préoccuper du royaume de l'au-delà, puisqu'il ne sera peuplé que de Juifs, les autres humains ne devant pas ressusciter. Il s'agit donc de faire triompher le royaume d'Israël ici-bas. Que les Juifs soient dispersés dans le monde, cela n'a aucune importance et n'empêchera en rien le triomphe final. Bien au contraire, la dispersion à travers toute la chrétienté facilitera la création de « cellules » qui agiront comme les « cellules » bolchevistes.

Remarquons en passant que toute l'organisation bolcheviste a été calquée sur l'organisation juive. Nous avons déjà démontré ailleurs (2) comment l'organisation de l'U.R.S.S. est copiée sur l'organisation kahalitique des Etats-Unis. Pour ce qui concerne l'organisation de la lutte spirituelle contre notre civilisation, il en est de même ; les organisations juive et bolcheviste sont des cousines germaines, issues du même aïeul : la haine du Dieu des chrétiens et la volonté de détruire toute pensée autre que la leur.

La dispersion ne gêne nullement le rêve d'un empire mondial. C'est la raison qui conduit les Juifs, sauf quelques exceptions honorables, à

---

1 — ✿ Edmond Fleg, *Anthologie juive des origines à nos jours* (1924) p. 210.

2 — *Israël, son passé, son avenir.*

prêcher un sionisme restreint. On veut bien d'un Etat juif, reconnu par les autres nations, Etat qui siégera à la Société des Nations, mais on veut conserver également la diaspora. De cette façon, les « cellules » juives parmi nous deviendront des minorités dont la S.D.N., où les Juifs exercent une grande influence, s'occupera avantageusement. On légiférera en faveur de ces minorités « maltraitées », on leur ouvrira plus largement encore les avenues qui mènent au pouvoir. Puis on transférera le siège de la S.D.N. à Jérusalem qui deviendra ainsi la capitale du monde entier.

Citons l'opinion des « *Etudiants de la Bible* », une secte entièrement enjuivée :

« Jérusalem deviendra la capitale du monde, d'où des hommes parfaits, comme le furent Abraham, Isaac, Jacob, Moïse, David, Daniel, et d'autres , dirigeront les affaires gouvernementales du monde. D'autres hommes, pleins de foi, seront placés comme gouverneurs dans les diverses parties du monde, ils recevront leurs instructions des dirigeants de Jérusalem, Abraham conduira du Mont de Sion, par radio, toutes les affaires du monde (1). »

« Tous les peuples du monde enverront leurs ambassadeurs à Jérusalem et y recevront leurs lois (2). »

Cette prophétie des « *Etudiants de la Bible* » s'accorde entièrement avec la conception de l'empire du monde que les Juifs comptent établir un jour sur la terre. C'est que la religion juive est essentiellement nationale, à tel point qu'il est difficile de savoir où finit l'esprit religieux et où commence l'inspiration nationaliste. L'idée de professer une religion et celle d'appartenir à une race, d'être membre d'un seul peuple, sont inséparables pour un Juif. Il est de religion juive parce qu'il appartient à la race juive, et il fait partie du peuple d'Israël parce qu'il professe la religion juive ou parce que ses ancêtres l'ont professée. Même le juif qui ne pratique plus subit les influences talmudiques, sans le vouloir et même sans s'en rendre compte. Les rares exceptions, parmi les Juifs assimilés ou convertis, ne font que confirmer la règle.

---

1 — J.F. Rutherford, *Eine wünschenswerte Regierung* (1924), p. 35 d'après Hans Jonak von Freyenwald, *Die Zeugen Jehovas* (1936), p. 55.

2 — C. Russel, *Die nahe Wiederherstellung des Volkes Israël* (1922) p. 9 d'après Hans Jonak von Freyenwald, *op. cit.*, p. 55.

Déjà l'Apocalyptique juive n'était qu'une matérialisation de l'ancien prophétisme hébreu. Elle promettait la revanche du peuple d'Israël et sa glorification, elle était « l'expression d'une crise aigüe de nationalisme sous « le couvert de l'idée théocratique (1). »

L'idée de revanche, la promesse de l'empire du monde sont devenues presque toute la religion. Le règne de Dieu n'est pas autre chose que le règne d'Israël. Ce règne ne se limite pas à un Etat juif, mais l'Etat juif n'est qu'un échelon de l'échelle qui mènera à la conquête du monde. Une fois l'Etat juif acquis, les Juifs exigeront, selon M. Marcel Bernfeld :

« La reconnaissance des Juifs des pays à population hétérogène, comme une minorité nationale avec droit d'employer librement le yiddish et l'hébreu dans les écoles et devant les administrations, droit à une organisation et représentation propre et d'une manière générale jouissance légale de tous les droits accordés aux autres minorités nationales (2). »

Il ne manque vraiment que cela : l'emploi du *yiddish* devant les administrations de nos pays ! Qu'on ne dise pas que ce sont des idées en l'air, des projets qui ne se réaliseront jamais. Il y a une ville en Europe occidentale, et non des moindres, où l'on est allé déjà très loin dans cet ordre d'idées. À Anvers, une circulaire se rapportant à l'hygiène et à l'enlèvement des ordures, émanant de l'administration communale, est rédigée en flamand et en yiddish. Au bureau de la 6me section, les inscriptions sont rédigées en flamand et en yiddish. Un cinéma fait sa réclame en ces deux langues... Il n'y a aucune raison pour que l'exemple d'Anvers ne soit pas imité ailleurs. Les empiétements juifs sur notre domaine se multiplient à un rythme toujours plus accéléré. Si nous ne nous défendons pas plus efficacement que par le passé, les Juifs pourront nous faire la réponse d'un franc-maçon à un évêque, effrayé des progrès de l'influence maçonnique en France :

« Monseigneur, nous avançons sans cesse, parce que vous reculez toujours. »

L'exigence de la reconnaissance légale du yiddish, comme langue nationale de la minorité juive, est d'ailleurs tout à fait logique. Puisque

---

1 — Th. Geisendorf, *L'avènement du Roi messianique* (1900) p. 243.
2 — ✡ Marcel Bernfeld, *Le sionisme* (1920), p. 105.

les Juifs veulent jouir des avantages d'une nationalité occidentale tout en conservant et en chérissant l'appartenance à la nation juive, il faut bien que cette dernière nationalité ait des signes extérieurs. À défaut de territoire, à défaut de l'empire futur, il y aura la langue. En Palestine, on a ressuscité l'hébreu avec un succès insoupçonné et mérité, car les Juifs ont parfaitement le droit de parler chez eux leur propre langue. Par contre est exorbitante la prétention de faire reconnaître, par les pays qui leur offrent l'hospitalité, le singulier mélange qu'on appelle le yiddish. Cependant, tandis que la plupart des non-juifs ignorent jusqu'au nom de cette langue, le yiddish fait des progrès gigantesques.

« Durant les quarante dernières années, dit M. Abraham Revusky, le yiddish, langue qu'aucune culture sérieuse n'avait marquée, donna soudain naissance à une importante littérature et acquit une place toujours plus grande en politique et dans la vie intellectuelle des masses juives qui commençaient à s'éveiller… Actuellement, le nombre de journaux et revues juives dans le monde entier se monte environ à 200, ont 40 quotidiens au moins, avec un tirage total évalué à plus d'un million d'exemplaires. Le développement du théâtre et des belles lettres yiddish a suivi à la même cadence ; aussi peut-on dire que la transformation étonnante du yiddish en une langue littéraire est un fait presque aussi remarquable, miraculeux même, de la dernière période de l'histoire juive, que la renaissance de l'hébreu en Palestine (1). »

Après l'Etat juif, la reconnaissance du yiddish sera un second pas sur l'échelle menant à la conquête du monde.

L'emploi du yiddish, à côté de la langue du pays, sera une preuve de l'augmentation de la puissance juive. Pour l'observateur attentif, il existe déjà une autre preuve : l'usage du sceau de David. Cet usage est d'autant plus fréquent que la plupart des non-juifs ignorent son existence et croient avoir à faire à une étoile de forme spéciale, lorsque par hasard ils y prêtent attention. Le sceau de David consiste en deux triangles superposés qui se coupent. Cet emblème a été employé par les Juifs depuis des temps immémoriaux, mais ce n'est que de nos jours qu'on le voit apparaître orgueilleusement sur des documents et des publications de tous genres qui n'ont rien à faire avec les Juifs, ou du moins où les Juifs ne devraient exercer aucune influence. Un timbre hollandais porte, comme dessin principal, le sceau de David avec la

---

1 — ✡ Abraham Revusky, *Les Juifs en Palestine* (1936) p, 171-172.

colombe de la paix ; le dernier plan du métro de Paris ne pouvait pas manquer de reproduire également le sceau de David ; on le rencontre au revers d'une médaille frappée en l'honneur du président Franklin Roosevelt. Plus fort encore, on change les armoiries officielles d'une ville française en remplaçant les fleurs de lys par le sceau de David (1).

Ces empiétements, sur un terrain qui n'est pas le leur, ne sont que les signes extérieurs des prétentions juives. Puisque le Juif se considère comme membre du peuple unique, aimé de Iahvé, puisqu'il pense que tout pouvoir exercé par les non-juifs est un pouvoir usurpé, il ne peut que souhaiter de tous ses vœux l'avènement du royaume d'Israël. C'est dans l'ordre des choses et nous n'avons aucune raison de nous en étonner.

Le comte de Saint-Aulaire rapporte qu'un banquier juif de New-York lui déclara que ceux qui s'étonnent de certains événements :

> « Oublient que le peuple d'Israël est le plus nationaliste de tous les peuples, car il est le plus ancien, le plus uni, le plus exclusif. Ils oublient que son nationalisme est le plus héroïque, car il a résisté aux plus terribles persécutions. Ils oublient que c'est aussi le nationalisme le plus pur, le plus immatériel, puisqu'il a subsisté à travers les siècles et en dépit de tous les obstacles sans le support d'un territoire. Il est œcuménique et spirituel comme la papauté. Mais il est, tourné vers l'avenir au lieu de l'être vers le passé, et son royaume est ici-bas. C'est pourquoi il est le sel de la terre (2) … »

Un peuple dont l'orgueil n'hésite pas à se déclarer le sel de la terre, ne laisse passer aucune occasion pour s'emparer des leviers de commande et pour exercer une influence dans tous les domaines. De temps en temps, cela saute aux yeux, même aux yeux de ceux qui n'ont pas la moindre tendance à croire au danger juif. C'est ainsi que Lloyd George, dans un discours s'écriait :

1 — Le docteur Louis Déchelle (*Le sens de la vie*, p. 13-14) a constaté que les armes de la ville de Privas telles qu'elles ont été reproduites dans le Pavillon du Vivarais à l'exposition de 1937 portaient au chef d'azur trois étoiles juives à six branches. Les armoiries véritables de cette ville ont trois fleurs de lys à la place de ces étoiles. Le sceau de David qui figure sur toutes les synagogues et sur le drapeau palestinien juif a chassé les fleurs de lys et s'est frayé un chemin jusqu'aux armoiries des villes françaises. Pauvre France !

2 — ✡ André Maurois, *Edouard VII et son Temps* (1933) p. 310,

« Il me semble que nous entendons beaucoup trop parler de Lord Rothschild. Pourquoi ne devons-nous pas avoir des lois de tempérance dans le pays ? Parce que Lord Rothschild n'en veut pas. Nous devons avoir plus de cuirassés. Pourquoi ? Parce que Lord Rothschild l'a dit dans un meeting de la Cité. Nous ne devons pas avoir d'argent pour payer ces cuirassés. Pourquoi ? Parce que Lord Rothschild l'a dit à un autre meeting. Vous ne devez pas avoir de taxes sur les terres. Pourquoi ? Parce que Lord Rothschild a signé une protestation pour dire qu'il ne le supporterait pas. Vous ne devez pas avoir de pensions pour les vieillards. Pourquoi ? Parce que Lord Rotschild a dit que c'était impossible. Eh bien, vraiment, je voudrais poser une question : est-ce que Lord Rotschild est le dictateur de ce pays et est-ce que tous les chemins qui conduisent aux réformes financières ou sociales seront fermés par un écriteau : *Route barrée par ordre de Nathaniel Rothschild* (1) ? »

On pourrait multiplier les exemples de l'influence excessive, en disproportion avec leur nombre, que les Juifs exercent dans tous les domaines. Si dissemblables que puissent paraître les causes sur lesquelles ils ont jeté leur dévolu, elles mènent toutes au même but : la fraternité universelle dirigée par le peuple juif. On voile cela sous des phrases à effet. Comme à la révolution française « liberté, égalité, fraternité », signifiait abolition de la religion, mort aux aristocrates, oppression de l'élite ; comme en U.R.S.S., « démocratie » signifie terreur et massacre ; dans la bouche d'un Juif, « fraternité universelle » signifie domination juive, conquête du monde.

« Jamais depuis les Prophètes peut-être, dit M. Elie Eberlin, le rêve d'une fraternité universelle, d'une justice sociale, jamais le besoin impérieux de contribuer à l'affranchissement humain n'a été plus vivace en Israël qu'à l'heure présente (2). »

La fraternité universelle qui placera les non-juifs sous la houlette du berger juif, ne signifie cependant pas que les Juifs — même les plus orthodoxes d'entre eux — désirent convertir les peuples au judaïsme. Iahvé a promis l'empire du monde aux fils d'Abraham, c'est-à-dire, selon

---

1 — ✿ André Maurois, *Edouard VII et son Temps* (1933) p. 310,
2 — ✿ Elie Eberlin, *Les partis juifs en Russie*, dans les *Cahiers de la quinzaine* du 11 décembre 1904, p. 6-7.

les Juifs, à ceux qui sont du sang, de la race d'Abraham. Ceux-ci n'ont aucun désir d'accueillir dans leur communauté nationale des gens de sang impur. Il leur suffit que les autres soient judaïsés, que « les idées judaïques s'infiltrent dans la culture morale et qu'elles s'emparent de l'humanité (1). » Cela suffira pour que les Juifs en deviennent le centre, autour duquel se grouperont les autres peuples. Ces peuples seront à la longue tellement imprégnés de conceptions juives qu'ils accepteront la religion d'Israël. Ils deviendront des Juifs de second ordre qui profiteront certes de l'unité sociale des peuples, mais resteront quand même tributaires du peuple élu, créateur de l'universalité dans tous les domaines.

« Le Christ n'est qu'européen, dit M. Georges Mossé, l'Islam n'est qu'oriental, le Messie juif est universel et le peuple juif l'attend toujours, parce que l'universalité annoncée par ses prophètes ne s'est pas encore réalisée (2). »

Que cette réalisation tarde, n'enlève pas au Juif la certitude qu' « Israël est appelé à réaliser un jour son idéal d'unité dans l'homme d'où résultera l'unité sociale entre les peuples, annoncée depuis des millénaires par nos prophètes avec cette véhémente certitude, dont l'accent demeure unique dans le monde. Telle est l'énigme d'Israël, transmise par lui de génération en génération. Il vit et il souffre pour réaliser sur cette terre — et non dans le ciel — le principe de l'unité dans l'homme, seul garant de paix individuelle et de paix sociale (3). »

Il est curieux de voir comment un autre Juif, le rabbin Isidore Loeb, se figure ce principe de l'unité qui garantira la paix sociale à réaliser, non pas dans le ciel — et pour cause — mais sur la terre :

« L'unité du genre humain se fera par l'unité religieuse. Les nations se réuniront pour aller porter leurs hommages au peuple de Dieu. Toute la fortune des nations passera au peuple juif, le fruit des greniers de l'Egypte, l'épargne de l'Ethiopie lui appartiendront ; elles marcheront derrière le peuple juif, dans les chaînes, comme des captifs, et se prosterneront devant lui (4). »

---

1 — ✿ Jakob Klatzkin, op. cit., p. 20.
2 — ✿ Georges Mossé, op. cit., p. 181.
3 — ✿ Josué Jehouda dans L'Univers israélite du 30 octobre 1936, p. 114.
4 — ✿ Isidora Loeb, La littérature des pauvres dans la Bible (1892) p. 218-219.

C'est une déclaration qui mérite de ne pas être oubliée, car elle contient l'ensemble des prétentions juives : d'abord la phrase noble et élevée :

« L'unité du genre humain se fera par « *l'unité religieuse* » ; puis le mépris du *goy* :

« Les nations se réuniront pour aller porter leurs hommages au peuple de Dieu ; elles marcheront derrière le peuple juif, dans les chaines, comme des captifs, et se prosterneront devant lui ; enfin, la richesse : « *Toute la fortune des nations passera au peuple juif.* »

La Libre Parole n° 1. Lundi 17 juillet 1893, page 4

LE NID
La rue des Juifs à Francfort

L'ORGUEIL À LA CONQUÊTE DU MONDE PAR LE MÉPRIS DU GOY

Les non-juifs se prosterneront devant le peuple de Dieu dans les chaînes comme des captifs ! Il ne s'agit pas ici du langage fleuri d'un oriental, mais nous nous trouvons bel et bien en présence de l'expression de la pensée intime du peuple juif. Il a le plus profond mépris pour tous ceux qui ne sont pas membres du peuple élu, du peuple-roi. Il ne connaît d'expression plus méprisante que celle de *goy*. Rien de plus bas, de plus impur, de plus vil que le *goy*.

Goy signifie non-juif ; il est synonyme de *nochri* (étranger, païen) et d'*akum*, qui originairement signifiait « adorateur des étoiles. » *Akum* était formé des initiales de quatre mots : *Abde Kochabim U Mazzaloth*, serviteur des étoiles et des signes du zodiaque. Primitivement, le Talmud désignait tous les non-juifs par le mot *goim* (pluriel de *goy*). La censure intervint au moyen-âge à cause des blasphèmes contenus dans le Talmud. La congrégation de l'Index ordonna, en 1590, de remplacer le mot *goy*, partout où il se référait aux chrétiens, par le mot *akum* (adorateur des étoiles). Elle croyait ainsi changer les tendances blasphématoires de certains passages, en les appliquant aux adorateurs des étoiles au lieu de les appliquer aux non-juifs, en général, et aux chrétiens, en particulier. C'est le contraire qui arriva : la signification originaire de la phrase n'était pas oubliée et *akum* devenait un synonyme de *goy*. Bien plus, restreignant la signification de ces deux mots, on les traduisit par « chrétien. »

Les Juifs excellent dans l'art d'embrouiller les choses, lorsqu'ils se trouvent devant une cause indéfendable ; ils ont donc profité de cette confusion pour prétendre que le texte talmudique, mille fois cité : « Le meilleur des non-juifs, tue-le », relevait d'une traduction impropre du mot *goim*.

Selon le rabbin Simon Lévy, il s'agirait là :

« Des idolâtres de ces païens sans foi ni loi, corrompus jusqu'à la moelle, non encore moralisés par la religion du Christ (1). »

Ces affirmations sont reconnues sans valeur par des autorités juives comme le savant rabbin Joseph Bloch (connu par ses attaques contre les publications d'Auguste Rohling) qui dit que le mot *goy* se réfère à tous les non-juifs sans exception (2). Malgré cela, les Juifs qui désirent nous faire avaler des fables, trouvent toujours des non-juifs à leur dévotion pour diffuser leurs inexactitudes ; ainsi M. Oscar de Férenzy accepte et propage l'explication du rabbin Lévy, sans user de la moindre critique.

Dans l'usage que les Juifs font du mot *goy*, sa signification originaire s'est rétrécie et la plupart des auteurs juifs l'emploie maintenant pour désigner le chrétien, en y ajoutant un sens péjoratif.

C'est ainsi que Léopold Kompert écrit dans ses *Scènes du ghetto*, au sujet d'une fille galante juive :

On voyait toujours Hendel, fille de Paltiel, se promener avec un *goy* (chrétien), qui lui donnait des robes et mille autres présents (3). »

Israël Zangwill dans ses *Dreamers of the ghetto* (4), Samuel Roth dans *Now and forever* (5), Edmond Cahen dans *Juif, non !... Israélite* (6), Ludwig Lewisohn dans son *Israël, où vas-tu ?* (7) et bien d'autres traduisent également *goy* par chrétien. Théodore Herzl, dans ses *Tagebücher* emploie aussi *goy* pour désigner un chrétien (8). D'autres, comme Raymond Geiger, vont jusqu'à employer *goy* comme injure vis-à-vis d'un Juif « Idiot, *goy* ! tu ne comprends donc pas (9) ! »

---

1 — Oscar de Férenzy, *Les Juifs et nous chrétiens*. (1935) p. 70.
2 — ✡ Joseph S. Bloch, *Israël und die Völker* (1922) p. 81.
3 — ✡ Léopold Kompert, *Scènes du ghetto* (1859) p. 65.
4 — ✡ Israel Zangwill, *Dreamers of the ghetto* (1899) p. 473.
5 — ✡ Samuel Roth, *op. cit.*, p. 148.
6 — ✡ Edmond Caheri, *Juif, non ! ...Israélite !* (1930) p. 213.
7 — ✡ Ludwig Lewisohn. *Israël où vas-tu ?* (1930) p. 17.
8 — ✡ Herzl, *Tagebücher*, t. 1, p. 262.
9 — ✡ Raymond Geiger, *op. cit.*, p. 154.

Bernard Lazare a admirablement défini toute la haine et tout l'orgueil que contient ce mot de trois lettres.

« Le *goy* des Macchabées, le *minéen* des docteurs, devint le chrétien et au chrétien on applique toutes les paroles de haine, de colère, de désespoir furieux qui se trouvait dans le livre [le Talmud]. Pour le chrétien, le Juif fut l'être abject ; mais pour le Juif, le chrétien fut le *goy*, l'abominable étranger, celui qui ne craint pas les souillures, celui qui maltraite la nation élue, celui par qui souffre Juda. Ce mot *goy* renferma toutes les colères, tous les mépris, toutes les haines d'Israël persécuté, contre l'étranger, et cette cruauté du Juif vis-à-vis du non-juif est une des choses qui montre le mieux combien l'idée de nationalité était vivace chez les enfants de Jacob(1). »

Cette haine et cet orgueilleux mépris ne sont pas près de s'éteindre chez les Juifs. Maurice Saphir, critique de théâtre de la seconde moitié du XIXe siècle, disait que de tous les opéras de Meyerbeer, il préférait les Huguenots parce qu'on y voyait des chrétiens s'entretuer, tandis que le Juif accompagnait cette tuerie par sa musique(2).

Si les Juifs de nos jours, comme ceux d'autrefois, font semblant de supporter les chrétiens, ce n'est qu'une feinte et elle durera aussi longtemps qu'ils ne se sentiront pas en force pour accabler le *goy* sous le poids de leur mépris.

Le célèbre Maïmonides, dont les traités ont presque autant de valeur que ceux du Talmud, écrit dans son *Hilchôth abodall sarah* que :

« Les Juifs donnent de la nourriture aux pauvres non-juifs, en même temps qu'aux pauvres Juifs, et cela par amour de la paix. Pour cette même raison, on n'empêche, pas les non-juifs de glaner les épis dans les champs après la moisson. On s'informe de leur santé, même lors d'une de leurs fêtes, toujours par amour de la paix ... Mais tout cela n'est valable que tant que les Juifs vivent en exil, parmi les peuples qui sont plus forts qu'eux. Lorsque les Juifs auront la haute main sur les non-juifs, il leur sera défendu de tolérer un non-juif parmi eux, même s'il ne séjourne que par hasard ou s'il n'est que de passage dans un endroit que nous occupons, ou s'il va de lieu en lieu pour faire du commerce(3). »

---

1 — ✿ Bernard Lazare, *L'antisémitisme*, t. II, p. 135.
2 — ✿ Chajim Bloch : *Das jüdische Volk in seiner Anekdote* (1931), p. 168.
3 — Erich Bischoff, *Das Buch vom Schulchan aruch*, (1929), p. 131.

La charité faite « par amour de la paix » cesse donc chez les Juifs dès qu'ils n'ont plus besoin de la paix. Là où les Juifs seront les plus forts, il sera interdit de laisser aucun non-juif parmi eux ; bien plus, ils ne lui permettront pas même de traverser le pays.

Maïmonides vivait au XIIe siècle, sept siècles après que le Talmud fut terminé. À son époque, la haine du non-juif était aussi virulente qu'au Ve siècle.

De nos jours, sept siècles après Maïmonides, Théodore Herzl, le créateur du sionisme pense encore exactement comme lui. Concernant l'organisation du futur Etat juif, il écrit dans ses *Tagebücher* : « Nous commencerons en expropriant doucement les domaines. Nous essayerons ensuite de transporter hors de nos frontières la population pauvre sans qu'il y paraisse, en leur cherchant du travail chez nos voisins et en leur refusant n'importe quel travail, chez nous (1). »

> « *Non, la haine juive n'a pas diminué :*
> « *Tu parles*
> « *Tu parles beaucoup trop*
> « *Chrétien.*
> ….. ….. ….. ….. …..
> « *Ah pourquoi ce feu soudainement dans ma poitrine,*
> « *Ce feu inconnu*
> « *Ce feu puissant*
> « *Ce feu qui s'élève et qui proteste*
> « *Et crève mes lèvres trop de jours closes.*
> ….. ….. ….. ….. …..
> « *Ne parle pas de mon peuple*
> « *N'admire pas mon peuple*
> « *Ne souille pas mon peuple,*
> « *Mon peuple de saints*
> « *Mon peuple d'élus* (2). »

—✦—

Pourquoi les Juifs détestent-ils ainsi les *goim*, spécialement les chrétiens et, parmi eux, avant tout les catholiques ? « L'Eglise catholique est notre plus terrible flagellateur », écrit Samuel Roth

---

1 — ✡ Herzl, *Tagebücher*, t. I. p. 98.

2 — ✡ Albert Cohen, *Paroles juives* (1921) p. 42-43.

encore de nos jours(1). L'histoire nous apprend, par contre, que l'Eglise fut, à certains moments, leur seule protectrice ; que Rome et Avignon les accueillaient souvent. Mais l'Eglise, tout en protégeant les Juifs contre des massacres, se défendait elle-même contre leur influence néfaste. Au moyen-âge, nous voyons les Papes multiplier les démarches auprès des rois pour qu'ils empêchent les Juifs d'exercer un pouvoir quelconque sur les chrétiens.

Grégoire VII demande à Alphonse VI, roi de Castille, d'empêcher les Juifs d'exercer un pouvoir sur les chrétiens. Innocent III signale à Philippe-Auguste les suites désastreuses de la mollesse apportée par ses prédécesseurs à la répression de l'influence juive. Benoit XIII interdit aux Juifs plusieurs professions. Il défend aux hommes de gérer les biens des chrétiens et aux femmes d'être nourrices d'enfants chrétiens. Il défend aux Juifs de se baigner aux mêmes lieux que les chrétiens, de manger, de jouer, ou de danser avec eux. Il interdit la lecture du Talmud. Saint Charles Borromée, dans son premier concile de Milan, défend aux chrétiens de se constituer serviteurs des Juifs, il leur défend également de chanter avec eux.

Plus tard, au XVIIIe siècle, l'Eglise n'admet pas plus qu'au moyen-âge qu'un Juif entre en contact plus ou moins intime avec un chrétien. En 1754, sept Juifs et un chrétien furent flagellés à Rome parce que ce dernier avait donné une fête en l'honneur des Juifs. L'Église n'admettait pas non plus, dit l'abbé Joseph Lémann, Juif converti :

« Qu'un Juif puisse entrer en possession ou en participation de ce qui est fonction essentielle dans la société chrétienne ; qu'un Juif, par exemple, puisse tenir école pour des chrétiens, s'asseoir sur un siège de magistrat au-dessous d'un crucifix, contribuer à la confection des lois d'un Etat chrétien. Sa ligne de conduite est toujours la même ; les tolérer, les bien traiter, avoir compassion d'eux, mais à condition qu'ils restent entre eux, chez eux, et ne soient pas introduits au sein de la société chrétienne, parce qu'une fois dans son sein, ils iraient bien vite à son cœur et en contrarieraient les fonctions normales. Son *non possumus* est toujours aussi énergique(2). »

En France, les orateurs du grand siècle ne cachaient pas leur opinion sur les Juifs.

---

1 — ✿ Samuel Roth, *op. cit*, p. 85.

2 — ♱ Joseph Lémann, *L'entrée des Israélites dans la société française* (1886), p. 286.

Bossuet, dans son *Discours sur l'histoire universelle* :

« ... les Juifs subsistent encore au milieu des nations, où ils sont dispersés et captifs ; mais ils subsistent avec le caractère de leur réprobation, déchus visiblement par leur infidélité des promesses faites à leurs pères, bannis de la terre promise, n'ayant même aucune terre à cultiver, esclaves partout où ils sont, sans honneur, sans liberté, sans aucune figure de peuple (1). » Ailleurs, Bossuet appelle les Juifs « le rebut du monde (2). »

Bourdaloue, dans son *Jugement du peuple contre Jésus-Christ* :

« Nation réprouvée, race maudite du ciel et de la terre... En vertu de ce sang divin si injustement répandu par les Juifs et si justement retombé sur cette nation sacrilège, Dieu les a affligés de tous les maux, que nous pouvons réduire à trois espèces : ruine temporelle, aveuglement spirituel, réprobation éternelle. Ruine temporelle. Jamais il n'en fut de plus entière... parce que depuis tant de siècles qu'ils ont trempé leurs mains parricides dans le sang d'un Dieu, ce sang adorable n'a point cessé, ni jamais ne cessera dans tous les siècles de crier au ciel vengeance contre eux... on gagnerait à Jésus-Christ des millions de païens et d'idolâtres, plutôt qu'on ne lui ramènerait un seul de ce peuple perverti et marqué du plus visible caractère de la damnation (3). »

On comprendra maintenant pourquoi la haine juive va en tout premier lieu à l'Eglise. Son orgueil est mortifié par l'attitude de l'Eglise qui n'a jamais varié dans sa condamnation de l'esprit juif et qui, au cours des siècles, a pris des mesures pour protéger les chrétiens contre l'infection de la pensée juive. Il en est plus mortifié que de n'importe quel pogrome. Il ne peut pardonner à l'Eglise d'avoir des sentiments nobles et charitables, il ne lui pardonne pas sa philosophie opposée à son rationalisme, ni ses valeurs spirituelles primant son matérialisme. Son orgueil est mortifié à tel point que sa haine ne désarmera pas avant qu'il ait abattu l'Eglise.

Le Juif se flatte même que « Freud, Einstein, Marcel Proust, Charlie Chaplin ont ouvert en nous, en tous sens, de prodigieuses avenues, qui

---

1 — Bossuet, *Discours sur l'histoire universelle* (1862) chap. XX p. 308.
2 — Bossuet, *ibidem*, p. 335.
3 — Bourdaloue, *Exhortation sur le jugement du peuple contre Jésus-Christ, dans les Œuvres complètes* (1845) t. III, col. 240-242.

renversent les cloisons de l'édifice classique gréco-latin et catholique au sein duquel le doute ardent de l'âme juive guettait, depuis cinq ou six siècles ; les occasions de l'ébranler. Car il faut bien le remarquer : c'est son pôle sceptique qui semble émerger le premier du silence complet qui recouvrit l'action de l'esprit juif au moyen-âge, silence où quelques voix éclatent à partir de la Renaissance et que recouvre aujourd'hui une si vaste rumeur (1). »

Tous les Freud et tous les Einstein, même tous les Charlie Chaplin s'acharneront en vain. En attendant le renversement guetté pendant des siècles, le Juif couve sa haine et méprise le *goy*, le misérable chrétien, plus qu'on peut l'imaginer.

——❦——

Un exemple de ce mépris se trouve dans la prière *Alenu*, hymne que les Juifs considèrent comme l'un des plus sublimes de leur religion. D'après la tradition, cet hymne fut composé par Josué lorsque les Israélites entrèrent dans la terre promise, mais il est plus probable qu'il date du IIIe siècle de notre ère. La prière est dite solennellement aux fêtes principales de l'année juive, intimement matin et soir. Elle contient une comparaison entre les Juifs et les autres peuples. Lorsqu'il s'agit des chrétiens, les Juifs crachent par terre et sauter de côté, comme pour éviter un contact impur.

Les Juifs convertis ont attiré les premiers l'attention des chrétiens sur ce monument de haine et de mépris orgueilleux. Actuellement les Juifs prétendent que la phrase incriminée a disparu, de la prière. C'est un aveu tacite qu'elle était en réalité offensante pour les chrétiens. D'ailleurs, il y a lieu de se demander si cette suppression n'est que temporaire « par amour pour la paix », comme le disait Maïmonides, et si elle ne réapparaîtra pas lorsque les Juifs se sentiront en force. Il y a encore une autre possibilité. Les Juifs peuvent suivre l'exemple donné par les Juifs de Pologne, au sujet d'une édition du Talmud, dans laquelle ils avaient supprimé tous les textes se rapportant à Notre-Seigneur ou aux chrétiens, tout en spécifiant que ces passages, laissés en blanc, devraient être enseignés de vive voix par les rabbins (2). Drach confirme cette pratique et ajoute que quelquefois les rabbins rétablissent à la

---

1 — Elie Faure dans *La question juive* (1934) p. 91.
2 — Voir les détails dans *Israël, son passé et son avenir*, p. 60-61.

main dans leurs exemplaires les suppressions et les « corrections » des éditeurs juifs. Drach possédait un exemplaire ainsi rectifié du Talmud. Le philologue Christophe Helvicus raconte également dans son *Tractatus de chaldaicis bibliorum paraphrasibus*, p. 10, qu'il était en possession d'un Talmud dont un Juif s'était servi avant lui et dans lequel toutes ces corrections avaient été faites à la plume (1).

Qu'on ne s'imagine pas que nous exagérons ou que nous sommes trop méfiants à l'égard des Juifs. En présence de l'indignation qu'avaient provoquées les divulgations de quelques Juifs convertis auprès des Prussiens protestants, les livres de prières juifs laissaient le passage en blanc et les Juifs prenaient la précaution de ne plus dire la prière à haute voix, mais ils continuaient de cracher par terre à un certain moment. Là-dessus, le roi Frédéric Ier convoqua les rabbins et, à leur défaut, les maîtres d'école juifs de son royaume. Lorsqu'ils furent réunis, au nombre de vingt, ils furent assermentés. Aux deux premières questions qui leur furent posées, ils répondirent unanimement qu'ils ne blasphémaient pas et qu'ils ne répandaient pas d'injures contre Jésus-Christ.

Le tableau changea lorsqu'on posa la troisième question, concernant spécialement la prière *Alenu*. On leur demanda s'ils disaient : « Nous tombons à genoux et nous nous courbons, mais non pas devant Jésus le pendu. » Dix-sept répondirent qu'ils ne prononçaient pas ces paroles ; un dit qu'il y avait un blanc à cet endroit dans les livres de prières, et qu'il en profitait pour dire *Hevel-Verick*, un autre prétendit que ce mot ne se référait pas à Jésus, mais aux peuples non-juifs, enfin un troisième dit que rien de semblable ne se trouvait dans son livre de prières.

La chose se compliqua encore davantage à la quatrième question : « Crachez-vous par terre lorsque vous prononcez les mots se rapportant à Jésus et sautez-vous de côté » [comme pour éviter un contact impur] ? Alors des dix-sept rabbins et maîtres d'école qui avaient déclaré auparavant qu'ils ne prononçaient pas les paroles incriminées, il n'y en eut plus que deux pour prétendre qu'ils ne crachaient pas par terre ; plusieurs de ceux qui avaient déclaré sous serment qu'ils ne prononçaient pas le mot *Hevel-Verick*, s'en souvenaient tout à coup, mais ils ne crachaient pas pour offenser Jésus : l'un crachait parce qu'il

---

1 — ✡ P. L. B. Drach, *Deuxième lettre d'un rabbin converti* (1827), p. 300.

pensait aux idoles, un autre sans savoir pourquoi, ses parents étant morts pendant qu'il était jeune, n'avaient pu lui apprendre ce que cela voulait dire ; un autre, parce qu'il voulait chasser le diable ; un autre, parce que Josué, lorsqu'il avait composé la prière, avait craché par terre, et ainsi de suite. (1)

On leur demanda ensuite s'ils apprenaient par cœur aux enfants ce qui avait été laissé en blanc ; quelques-uns nièrent, mais la majorité avoua.

A la question sur ce qu'ils entendaient par le mot *Verick* (le pendu), tous avaient perdu la mémoire. La plupart n'en connaissait pas la signification. Plus délicate était la question sur l'espace laissé en blanc. La plupart l'ignoraient ; trois rusés compères prétendirent que c'était la faute de l'imprimeur qui avait oublié d'imprimer la phrase ; d'autres pensaient qu'on avait omis la phrase pour ne pas effaroucher les païens (2).

Aussi étrange et puéril que tout cela puisse paraître, il était utile de l'exposer, non seulement parce que cela illustre le mépris orgueilleux des Juifs pour les chrétiens, mais surtout pour juger de la valeur qu'on peut attribuer aux déclarations juives, quand elles sont faites « par amour de la paix. »

---

1 — Il est curieux de constater qu'en 1656 Menasseh ben Israël, dans sa brochure *Vindiciæ Judæorum*, se défendait déjà contre cette accusation. « *Comment peut-on s'imaginer, écrit-il, que les Juifs, dans leurs Synagogues, crachent dédaigneusement par terre en nommant le Christ. Loin de nous d'agir de telle manière. Le peuple juif est sensé et noble ... Comment peut-on supposer qu'il puisse être aussi brutal ...* » Et plus d'un siècle plus tard, les rabbins prussiens devaient avouer, bien malgré eux, qu'ils crachaient réellement par terre.

2 — ✿ Johann Balthazar König, *Annalen der Juden in den preussischen Staaten besonders in der Mark Brandenburg* (1790) p. 140-163.

On comprend que les non-juifs puissent être exaspérés par l'attitude des Juifs à leur égard, par leur manque de franchise et par leur orgueilleux mépris. Terminons, pour illustrer cette exaspération, par quelques lignes que Théodore Herzl a trouvées inscrites sur la paroi d'une cabine de bains, à Zell en Autriche :

« *O Dieu, envoie de nouveau Moïse*
« *Afin qu'il reprenne ses frères*
« *Pour les conduire en Terre sainte.*
« *Et quand toute la clique juive*
« *Sera au milieu de la mer*
« *Alors Seigneur, ferme la trappe,*
« *Et tous les chrétiens auront la paix.* »

« *O Gott, schick doch den Moses wieder,*
« *Auf dass er seine Stammesbrüder*
« *Wegführe ins gelobte Land.*
« *Ist dann die ganze Judensippe*
« *Erst drinnen in des Meeres Mitte*
« *Dann, Herr, o mach die Klappe zu,*
« *Und alle Christen haben Ruh* (1). »

---

1 — ✡ Herzl, *Tagebücher*, t. 1., p. 251.

L'ORGUEIL À LA CONQUÊTE DU MONDE PAR LA RICHESSE

« Toute la fortune des nations passera au peuple juif, le fruit des greniers de l'Egypte, l'épargne de l'Ethiopie lui appartiendront », écrit le rabbin Isidore Loeb. L'unité religieuse, les hommages au peuple de Dieu, c'est bien ; les fruits des greniers d'autrui, l'épargne réunie par d'autres, c'est encore mieux. La conquête du monde par le règne de l'esprit judaïque et par le triomphe du nationalisme juif est complétée par le « ramassage » des richesses du monde. Si ce moyen-ci vient en dernier lieu, c'est parce qu'il est le dernier au point de vue éthique, mais dans l'esprit juif, il prime des deux autres.

Dans le Deutéronome, Moïse promet au peuple d'Israël :

« Tu posséderas grandes et bonnes villes que tu n'as pas bâties, maisons pleines de toutes sortes de biens que tu n'as pas remplies, citernes que tu n'as pas creusées, vignes et oliviers que tu n'as pas plantés (1). »

C'est l'idéal du parasite : jouir du travail d'autrui, accaparer ce que les autres ont amassé en peinant à la sueur de leur front.

Déjà, lors de leur sortie d'Egypte, les Juifs avaient réussi un beau coup de main :

« Les enfants d'Israël avaient fait ce que leur avait dit Moïse ; ils avaient demandé aux Egyptiens des objets d'argent, des objets d'or et des vêtements. Et Iahvé avait fait trouver au peuple faveur aux yeux des Egyptiens, qui accueillirent leur demande. Et ils emportèrent les dépouilles des Egyptiens (2). »

---

1 — *Deutéronome* VI, 10-11.
2 — *Exode* XII, 35-36.

L'attraction exercée par l'or et l'argent ne s'évanouit pas lorsque les Juifs se furent installés en Palestine. Le roi David rafflait partout l'or et l'argent ; il l'enleva « à toutes les nations qu'il avait vaincues, à la Syrie, à Moab, aux fils d'Amon, aux Philistins, à Amélec (1). » Salomon amassait l'or dans de plus fortes mesures encore :

« Tous les vases à boire du roi Salomon étaient d'or, et toute la vaisselle de la maison de la forêt du Liban était d'or pur. Rien n'était d'argent. On ne faisait nul cas de ce métal du temps de Salomon. »

Dans sa maison de la forêt du Liban, Salomon avait deux cents grands et trois cents petits boucliers d'or battu. Après la description d'autres richesses, le chroniqueur conclut :

« Il ne s'est fait rien de pareil dans aucun royaume (2) », car Salomon « rendit l'argent et l'or aussi communs à Jérusalem que les pierres (3). »

Au début de son histoire, Israël disposait donc d'une grande accumulation d'or et d'argent. M. Werner Sombart pose la question :

« Que sont devenus tous ces métaux précieux ? »

Les talmudistes ont abouti à la conclusion qu'ils sont restés en grande partie entre les mains d'Israël, sous la forme de fortunes privées (4). Si cette hypothèse est exacte, les Juifs auraient eu à leur disposition, dès le commencement de la dispersion, des capitaux importants qui leur ont permis de se fixer partout comme grands commerçants.

Le Talmud, plein d'instructions ingénieuses concernant les affaires, leur était un guide précieux. Les rabbins enseignent que c'est une œuvre agréable à Dieu que d'amasser des richesses. Elles sont considérées comme une bénédiction spéciale de Iahvé.

« Lisez le *Décalogue*, dit M. Kadmi Cohen, « ses prescriptions impérieuses font dépendre directement l'abondance ou la prospérité de la race, de la piété bien comprise, utilitaire, intéressée de ses membres (5). »

La piété est récompensée, parce que l'idée de contrat domine toute la théologie d'Israël.

---

1 — II *Samuel* VIII, 11-12.
2 — I *Rois* X, 16-21.
3 — II *Chroniques* I, 15.
4 — Werner Sombart, *Les Juifs et la vie économique* (1923), p. 456-457.
5 — ✿ Kadmi Cohen, *op. cit.*, p. 90-91.

« Quand l'Israélite, dit Bernard Lazare, remplissait ses engagements vis-à-vis de Iahvé, il exigeait la réciprocité. S'il se croyait lésé, s'il jugeait que ses droits n'étaient pas respectés, il n'avait aucune bonne raison de temporiser, car la minute qu'on lui volait était une minute que jamais on ne pourrait lui rendre (1). »

Tout tendait donc chez les Juifs à obtenir au plus vite cette récompense à laquelle ils croyaient avoir droit.

Nous avons déjà vu que l'inclination vers les biens de la terre, et surtout vers l'or, a été le propre du peuple juif dès son berceau. Durant un millier d'années les prophètes l'ont combattue, mais dès leur disparition elle domina tout. Puis l'amour de l'or reçut une consécration religieuse. Aucune religion ne vante la richesse, le Nouveau Testament la maudit et prêche la noblesse de la pauvreté. Comment la religion judaïque seule peut-elle donner à la richesse une consécration religieuse ? C'est ce que les abbés Lémann, Juifs convertis, vont nous expliquer :

« Et quand vint l'ouragan terrible qui renversa précisément toute notre puissance temporelle, nos pères prirent la route de l'exil, mais avec cette persuasion, toujours plus tenace, que le Messie qui leur viendrait, serait réparateur de leur grande misère, et qu'il les dédommagerait de leurs privations par une opulence qui les étonnerait eux-mêmes. Il se fit donc à ce moment sur leur cupidité comme une sorte de consécration religieuse ; chacun d'eux, en amassant des richesses, se persuada qu'il préparait le règne de cet oint du Seigneur que devaient escorter la gloire et l'abondance ; la pensée du Messie et la poursuite de la richesse s'entrelacèrent et, durant des siècles, le Messie fut non seulement jusqu'à un certain point l'excuse de la richesse, il fut encore son 'âme, son arôme, son élan (2). »

M. Kadmi Cohen explique l'amour des biens terrestres par le caractère sémite.

« La considération précise de l'utilité des choses coexiste, dans l'âme sémitique, avec le lyrisme désintéressé et dangereux des passions, et la frénésie des abstractions n'exclut pas l'arithmétique de l'intérêt. Égaré parfois dans le ciel, le Sémite ne perd cependant pas la notion de la terre,

---

1 — ✿ Bernard Lazare, *L'antisémitisme*, t II, p. 158
2 — ✟ Abbés Lémann, *La question du Messie et le Concile du Vatican* (1869), p. 76-77.

de ses biens et de ses profits. Tout au contraire. L'utilitarisme, tel est l'autre pôle de l'âme sémitique ... Tout, disons-nous, dans le Sémite, est spéculation : d'idées et d'affaires, et, sous ce dernier rapport, quel hymne vigoureux n'a-t-il pas chanté à la glorification de l'intérêt terrestre (1). »

Quoique exposée avec d'autres mots, son explication ne va pas à l'encontre de celle des abbés Lémann. L'âme sémite s'incline vers l'intérêt terrestre, dit M. Kadmi Cohen ; elle n'abandonne pas le rêve messianique, disent les abbés Lémann ; elle enveloppe donc, concluons-nous, son rêve messianique d'intérêts matériels surtout. On pourrait cependant objecter qu'il y a des Juifs charitables. Joseph Lémann répondra pour nous :

« On aura beau dire qu'il y a des Israélites honnêtes, des Israélites magnanimes, des Israélites charitables ; nous ne le nions pas, et nous nous montrerions fils dénaturé en refusant de le reconnaître et de le proclamer. Il y en a beaucoup, c'est incontestable. Mais il est incontestable aussi que le peuple juif, dans son ensemble, comme peuple, est accapareur des biens de la terre, et que demeurant irréductible dans la fusion des autres peuples, il pompera insensiblement leurs richesses : vaste éponge dont le gonflement sera favorisé par la protection des lois libérales (2). »

Cette éponge s'est toujours gonflée aussi longtemps que les lois n'empêchaient pas son gonflement. Les Juifs ont toujours su profiter de tout affaiblissement dans la défense des intérêts des peuples. Lorsque Charlemagne laissa tomber en désuétude les lois mérovingiennes, les Juifs en profitèrent pour étendre les branches de leur commerce et pour s'enrichir encore davantage. Du côté juif, on répond invariablement qu'on exagère beaucoup leur richesse, et que ceux qui en parlent sont des antisémites et ne méritent pas confiance. Bernard Lazare répondra à ses compatriotes :

« Leurs communautés étaient en rapports constants, elles étaient unies par le lien religieux qui les rattachait toutes au centre théologique de la Babylonie, dont elles se considérèrent comme dépendantes jusqu'au déclin de l'exilarcat ; ainsi acquirent-elles de très grandes facilités pour le commerce d'exportation dans lequel elles amassèrent des richesses considérables, si nous en croyons les diatribes d'Agobard et plus tard celles

---

1 — ✿ Kadmi Cohen, *op. cit.*, p. 88-89.
2 — ✿ Joseph Lémann, *Napoléon Ier et les Israélites* (1894), p. 118-119.

de Rigord qui, si elles exagèrent la fortune des Juifs, ne doivent pourtant pas être absolument rejetées comme indignes de créance. Sur cette richesse des Juifs, surtout en France et en Espagne, jusqu'au quatorzième siècle, nous avons, d'ailleurs, les témoignages des chroniqueurs, et ceux des Juifs eux-mêmes, dont plusieurs reprochaient à leurs coréligionnaires de se préoccuper des biens de ce monde beaucoup plus que du culte de Jéhovah (1) ... »

Ils s'en occupaient si bien qu'il devint nécessaire, à plusieurs reprises, de mettre un frein à leur cupidité. En Espagne, une grande partie des richesses avait passé entre leurs mains, presque tous les chrétiens se trouvaient être leurs débiteurs. En France, ils possédaient le tiers des terres et ils avaient accaparé presque tout le numéraire, lorsque Philippe-Auguste les chassa.

Leur facilité à pomper toute la richesse d'un pays s'explique aisément si l'on n'oublie pas que chaque acte est inspiré par le souci d'augmenter ses biens, et que tout est considéré en fonction de l'argent. Les Juifs ne livrent pas volontiers le fond de leur pensée. Il est donc intéressant que les mémoires d'une Juive, vivant vers la fin du XVIIe siècle soient arrivés jusqu'à nous. Ces mémoires de Glückel von Hameln (2) nous révèlent le rôle important, prédominant, que joue l'argent dans la vie des Juifs. Chaque personne dont elle parle est taxée ; celle-ci vaut 30.000 thalers, celle-là n'en vaut que six cents. Lorsqu'elle s'éloigne de Hambourg pour quelques mois, afin de fuir la peste, elle constate au retour que cela lui a coûté 1200 thalers. Sa belle-mère, sur son lit de mort, révèle à ses enfants qu'elle a employé son argent de poche à faire des prêts sur gages. Elle rend visite à son beau-père qui lui fait cadeau d'un objet valant vingt thalers ; le voyage lui en a coûté cent cinquante, malgré cela le cadeau lui fait plaisir. Elle marie sa fille et note que pendant le séjour à Amsterdam, avant la noce, son mari a gagné la moitié de la dot. Les récits des mariages de ses douze enfants ne sont que des traités de commerce : on marchande la dot, on se sépare pour une différence de mille thalers et deux jours plus tard les fiançailles ont lieu, avec un autre prétendant qui accepte les conditions.

---

1 — ✡ Bernard Lazare, *L'antisémitisme*, t. I. p. 173-174.
2 — ✡ Glückel von Hameln, *Denkwürdigkeiten*, (1913).

La richesse juive, à travers les siècles, n'étonne donc plus. Peu avant l'émancipation des Juifs, Mirabeau observait, lors de son séjour en Prusse, que les fortunes berlinoises dépassant les cent mille livres appartenaient presque sans exception à des familles juives. Inutile de dire que la richesse juive a considérablement augmenté depuis l'émancipation. Les Juifs objectent généralement que la grande richesse de quelques Juifs fait oublier que la masse des Juifs n'est pas plus riche que la masse des chrétiens. On surprend cependant l'aveu de leur plus grande aisance lorsqu'ils l'invoquent pour prouver des faits qui découleraient précisément d'elle.

C'est ainsi que M. E. Schnurmann, dans son étude sur *La population juive en Alsace*, en expliquant le petit nombre des filles-mères juives, conclut entre autres :

« qu'il est possible qu'en raison de leur situation sociale, généralement supérieure, les jeunes filles juives aient une instruction plus soignée, ce qui peut avoir une influence sur la connaissance et l'emploi des moyens anticonceptionnels. Peut-être leur situation sociale leur permet-elle plus facilement d'arrêter les suites d'une conception (1). »

Quelques chiffres démontreront d'ailleurs que l'objection juive n'est pas fondée.

Le pourcentage parmi les contribuables qui avaient un revenu de plus de 1200 marks était, à Francfort, au commencement de ce siècle, de 86 % pour les Juifs, 60 %, pour les catholiques et 68 % pour les protestants. Le pourcentage pour un revenu de plus de 12.500 marks était de 16 % pour les Juifs, 1,93 pour les catholiques et 4,86 % pour les protestants. Les Juifs formaient 7,6 % des habitants et payaient environ le 40 % des impôts. Dans le Grand-Duché de Bade, les Juifs formaient le 1,4 % de la population et ils payaient le 9,93 % des impôts (2). Le staticien juif, Rudolf Wassermann, n'hésite pas à constater que l'aisance moyenne est plus grande chez les Juifs que chez les non-juifs.

En examinant ces chiffres et ceux qui vont suivre, il ne faut pas perdre de vue que les Juifs baptisés sont considérés, dans les statistiques, comme protestants ou catholiques. Les pourcentages sont donc en réalité bien plus favorables aux Juifs.

---

1 — ✿ E. Schnurmann, *La population juive en Alsace* (1936), p. 124.
2 — ✿ Rudolf Wassermann, *Beruf, Konfession und Verbrechen* (1907).

En 1905, les Juifs payaient, à Berlin, 30,77 % des impôts et ne formaient que le 5,06 % de la population ; à Beuthen, ces chiffres étaient respectivement de 26,90 % et 4,04 % ; à Gleiwitz, de 28,90 % et 8,20 % ; à Posen, de 24,02 % et de 4,21 % (1).

Une autre statistique démontre que les Juifs de Berlin étaient imposés, en 1900, à 359 marks par tête, tandis que les protestants n'étaient imposés qu'à 146 marks et les catholiques à 118 marks (2).

En Italie, 9,26 %, des Juifs étaient rentiers ou bénéficiaires de pensions, contre 2,86 chez les chrétiens (3).

A Copenhague, 11,9 % des Juifs seulement avaient des logements d'une ou deux chambres, tandis que 48,5 % de la population totale de Copenhague habitaient des logements d'une ou deux chambres. 19,2 % des Juifs habitaient des logements de huit chambres et davantage, contre 2,8 % seulement de la population totale (4).

Il serait intéressant de connaître quelques chiffres concernant Paris, Bordeaux, Strasbourg...

Théodore Herzl, dans ses *Tagebücher*, s'écrie, quand il s'agit de réunir dix milliards :

« Que sont dix milliards de marks pour les Juifs ? Ils sont quand même plus riches que ‚les Français en 1871, et combien de Juifs y avait-il parmi ces Français (5) ? »

Autrefois les Juifs cachaient leurs richesses de peur qu'on ne les leur confisquât. Depuis un siècle, ils ne le craignent plus, et aiment à les montrer ostensiblement. C'est la gloire et l'orgueil de leur race. Lorsque Rachel joua Judith de Mme de Girardin :

« Toutes les dames juives avaient envoyé leurs écrins pour orner l'héroïne de Béthulie. On assure même que Mme la Baronne de Rothschild fit porter au théâtre de la rue de Richelieu pour plus de 500.000 francs de diamants .... Non seulement les portes du théâtre français furent doublées, mais encore on plaça aux portes des coulisses plusieurs municipaux, qui avaient reçu pour consigne de ne pas perdre de

---

1 — Werner Sombart, op. cit., p. 244. p. 57.
2 — A. Kuyper, *Autour de l'ancienne mer du monde* (1910-1911) t. 1 p. 465.
3 — ✡ Otto Heller, *La fin du judaïsme* (1933), p. 96.
4 — ✡ Otto Heller, *ibidem*, p. 95-96.
5 — ✡ Herzl, *Tagebücher*, t. 1, p. 35.

vue Judith, tant qu'elle serait en scène, et d'arrêter tout individu qui aurait la témérité de porter la main sur elle (1). »

La satisfaction d'afficher leur richesse est doublée de l'orgueil de montrer publiquement les progrès de leur conquête du monde. Dans son rapport au lieutenant de police de Sartines, le baron Malouet avait déjà prédit ce développement en 1776 :

« Ils voient, ils verront toujours, écrivait-il, dans leurs descendants, les dominateurs des nations ; et c'est en nous dépouillant de tous métaux qu'ils espèrent en accélérer la conquête. »

L'orgueil de conquérir le monde, de sentir « les chrétiens sous leurs bottes (2) » augmente à mesure que leurs entreprises réussissent. Et puisque la réussite de leurs entreprises est à la gloire de Iahvé et en faveur de son règne futur, les Juifs combinent fort bien leur rapacité avec une dévotion fanatique. L'une les porte à dévaliser leur prochain, l'autre à prier Iahvé de les aider dans leurs entreprises. Cerfberr de Medelsheim, le fils du premier Juif qui obtint la permission d'habiter Strasbourg a dépeint cette double tendance de main de maître :

« L'Israélite allemand est le type et le prototype du Juif tel qu'on le dépeint et que nous le connaissons en général. Il est astucieux, avide et rapace ; sans foi et sans loi ; quoique d'une dévotion fanatique, lorsqu'il se trouve dans les derniers rangs de sa nation ; mais s'il prie Dieu, ce n'est que pour lui demander le bien-être matériel. Il n'est pas vrai qu'il le prie de l'aider à tromper le chrétien dans les transactions qu'il fait avec lui, mais il n'a pas besoin du secours divin pour s'en acquitter avec habileté et succès (3). »

Une petite histoire que le rabbin Drach raconte, du temps de sa jeunesse, fait comprendre le danger que court notre civilisation, mieux que tout développement scientifique ou toute conclusion philosophique pourraient le faire.

---

1 — ✥ Hector Fleischmann, *Rachel intime* (1910) p. 128.

2 — Les Goncourt, dans leur *Journal*, racontent qu'un banquier Juif, interrogé sur son opiniâtreté à augmenter une fortune déjà énorme et sur l'inutilité d'y user sa vie, répondit : « *vous comptez donc pour rien le plaisir de sentir les chrétiens sous sa botte.* » Edmond Picard, *Synthèse de l'antisémitisme* (1892), p. 40.

3 — ✟ A. Cerfberr de Medelsheim, *Les Juifs, leur histoire, leurs mœurs* (1847) p. 38-39.

« Dans l'école juive où j'étais à Strasbourg, écrit le rabbin Drach, les enfants prirent la résolution de faire, à la première apparition du Messie, main-basse sur toutes les boutiques de confiseurs de la ville. On discuta pour savoir qui serait le dépositaire de ce précieux butin. En attendant les dragées, il se distribuait force coups de pieds et de poings. Ces arguments *ad hominem* amenèrent une convention, en vertu de laquelle chacun devait garder ce dont ils s'emparerait. J'ai dressé longtemps, à part moi, l'état des lieux d'une belle boutique au coin de la place d'armes, sur laquelle j'avais jeté mon dévolu (1). »

Lorsque les Juifs auront fait la conquête du monde, ils accapareront autre chose que des dragées. En attendant, ils ramassent tout ce qu'ils peuvent ramasser et ils se multiplient de façon inquiétante. D'après l'économiste juif, Jacob Lestschinsky, la population juive a quintuplé depuis un siècle, tandis que la population non-juive n'a augmenté que de deux fois et demie. En 1825, il y avait par le monde 3.281.001 Juifs ; en 1930, il, y en avait 15.850.000.

Outre leur augmentation en nombre et en richesse, les Juifs eux-mêmes constatent une « ascension de l'esprit juif. » Ils s'attendent à la reprise d'une lutte qui a commencé il y a dix-neuf siècles, et à laquelle ils n'ont jamais cessé de se préparer. Pour favoriser cette ascension de l'esprit juif, c'est-à-dire de l'emprise juive sur l'esprit des autres peuples, tous les moyens sont bons, même la falsification de textes la plus éhontée.

---

1 — ✠ P. L. B. Drach, *Deuxième lettre d'un rabbin converti* (1827) p. 319.

François Louis Couché (1782–1849).

Napoléon le Grand, rétablit le culte des Israélites le 30 Mai 1806.
Gravure sur cuivre, coloriée, Paris, Bibliothèque Nationale.

Il ne vient même pas à l'esprit des Juifs que nos institutions sociales sont l'œuvre et l'expérience des siècles. Il entend détruire, comme les vieux prophètes d'Israël ordonnaient de détruire les vaincus, non seulement les hommes armés, mais aussi leurs femmes, leurs enfants, leurs cultures, leurs richesses. Tout détruire et tout massacrer, pour reconstruire ensuite, telle était leur tendance il y a des milliers d'années, telle elle est encore de nos jours.

L'ORGUEIL À LA CONQUÊTE DU MONDE PAR LES FALSIFICATIONS

Une des conséquences les plus frappantes de l'orgueil des Juifs est certainement leur révolte et leur indignation à la moindre contradiction ou à la critique la plus anodine. Sous ce rapport, l'épiderme juif est d'une sensibilité extrême. Une controverse polie, sur n'importe quel sujet, est possible tant que vous ne touchez pas à la question juive. Mais sitôt que vous y touchez, le Juif vous combattra par n'importe quel moyen. Même dans la vie privée, vous ne pouvez traiter un Juif comme un autre étranger. Ne demandez pas à un Juif de Londres si des cousins l'ont renseigné sur le sort de ses compatriotes de Pologne ou de Galicie. Ne lui demandez pas à quelle époque sa famille s'est fixée en France ou en Angleterre ; et ce sont là, cependant, des questions toutes naturelles posées à un étranger. Un Italien n'est pas choqué lorsque vous lui dites qu'il parle français presque sans accent italien, mais dites à un Juif qu'il parle le français sans accent juif, vous pouvez être certain de l'avoir froissé (1). Un Juif habitant la France aura la prétention de manier la langue de Voltaire de façon parfaite et de vous renseigner sur le génie français et les habitudes françaises (2).

La réaction à ce qui est écrit est encore plus vive. Si vous exprimez une opinion bien établie, mais qui n'est pas à la gloire des Juifs, on tentera de déformer votre pensée. Si vous êtes encore de ce monde, vous pouvez vous défendre contre cette altération de votre pensée ; mais si l'auteur est mort, qui défendra l'intégrité de sa pensée ? Qui découvrira dans tout un livre l'adjonction d'une petite phrase, la suppression de quelques mots ? Souvent de longues années s'écoulent avant que la falsification soit découverte.

---

1 — Hilaire Belloc, *The Jews* (1928), p. 256.
2 — Cf. ✡ *L'Univers israélite* du 8 janvier 1937, p. 1.

Dès le commencement de l'ère chrétienne, on a constaté que des textes défavorables aux Juifs ont été falsifiés afin de défendre une thèse, de faire dire à un adversaire ce qu'il n'avait pas dit, ou de supprimer les déclarations d'un auteur.

Bernard Lazare démontre que les Grecs étaient profondément irrités par la façon dont les Juifs accommodaient certains textes, et que les Sophistes en étaient tout particulièrement froissés.

« Depuis Ptolémée Philadelphe jusqu'au milieu du troisième siècle, les Juifs alexandrins, dans le but de soutenir et de fortifier leur propagande, se livrèrent à un extraordinaire travail de falsification des textes propres à devenir un appui pour leur cause. Des vers d'Eschyle, de Sophocle, d'Euripide, de prétendus oracles d'Orphée conservés dans Aristobule et les *Stromata* de Clément d'Alexandrie, célébraient ainsi le seul Dieu et le sabbat. Des historiens étaient falsifiés. Bien plus, on leur attribuait des œuvres entières, et c'est ainsi que l'on mit sous le nom d'Hécatée d'Abdère, une *Histoire des Juifs*. La plus importante de ces inventions fut celle des oracles sybillins, fabriqués de toutes pièces par les Juifs alexandrins, et qui annonçaient les temps futurs où adviendrait le règne du Dieu unique (1). »

Au VIe siècle, les Juifs allaient encore plus loin en altérant l'Ancien Testament. Nous reproduirons ce que deux savants Juifs convertis, les abbés Lémann, ont dit à ce sujet. Auparavant nous tenons à constater que ces deux frères étaient fiers et orgueilleux de leur race. Ils ne représentaient nullement le Juif renégat attaquant ses frères de race ; au contraire, ils étaient demeurés très attachés au peuple juif, ils avaient pitié de ses erreurs et de sa déchéance, ils appelaient de tous leurs vœux le relèvement religieux et social de leurs anciens coreligionnaires qui restaient toujours et malgré tout leurs frères de race. Leurs déclarations ont donc une valeur toute spéciale, comme provenant de deux savants particulièrement bien placés pour juger de la matière qui nous intéresse.

Les abbés Lémann expliquent d'abord comment le rabbinisme tentait de brouiller les prophéties se rapportant au Messie.

Ensuite, « on commença par altérer la lettre de certaines prophéties. Ces altérations purent se pratiquer, et comme se couler, sans que le peuple

1 — ✡ Bernard Lazare, *L'antisémitisme*, t. 1, p. 77-78.

y prit garde. Comme la langue et l'écriture hébraïques sont extrêmement délicates, par suite de la ressemblance entre elles de plusieurs lettres de l'alphabet, non moins que par le jeu des lettres dans la formation des substantifs et des temps des verbes ; de plus, comme cette langue de la Bible était devenue en quelque sorte le dépôt des rabbins, depuis que les Juifs dispersés parlaient les langues de toutes les autres nations, on conçoit comment, sans éveiller les soupçons du peuple, les rabbins ont pu glisser de perfides altérations dans la contexture des mots. Cette manœuvre leur est formellement reprochée par les Pères de l'Eglise, leurs contemporains, versés comme eux dans la connaissance de l'hébreu, non moins que par plusieurs savants rabbins qui les ont quittés depuis pour embrasser le christianisme.

« Mais ce qu'il y eut de plus terrible pour le peuple, c'est que ces altérations, une fois commises, furent clandestinement introduites dans un travail fameux, bien fait pour en imposer à l'imagination de la multitude : dans le travail des *Massorèthes* de Tibériade. On sait que dans le but d'empêcher à jamais qu'on ne retranchât, ou qu'on déplaçât, un seul jota de la Bible, ces docteurs hébreux du sixième siècle eurent la patience de compter et les versets et les mots et les lettres, dans chaque livre du vieux Testament, travail que la postérité juive a surnommé *la haie de la loi*. Mais ce qu'on ne sait pas et ce qu'il importe de bien faire remarquer, c'est que l'œuvre des *Massorèthes* de Tibériade ne vit le jour qu'après que les altérations eurent été commises ; en sorte que, mêlée à l'égal du bon grain, dans le reste du texte pur, la fraude, sous le procédé massorethique, est devenue comme immuable. Le peuple qui n'a point pris garde aux altérations, a toujours vénéré depuis l'œuvre entière des *Massorèthes*, comme la haie ou la clôture de la loi (1). »

L'ancien rabbin Drach, célèbre hébraïsant et grand savant, dit à ce sujet :

« Je fus frappé des reproches que ces Pères font aux Juifs d'avoir porté une main sacrilège sur le texte hébreu, en le corrompant. Je m'étais aperçu moi-même, depuis longtemps, qu'en bien des endroits, ce texte parait avoir été altéré ou tronqué de telle manière qu'il y a visiblement des lacunes ... Je pris le parti de conférer attentivement l'hébreu de l'Ancien Testament avec la version grecque des Septante, parce que cette interprétation est l'ouvrage des docteurs de la synagogue, revêtus de toute l'autorité qu'on

---

1 — ✠ Abbés Lémann, *La question du Messie et le Concile du Vatican* (1869) p. 38-40.

peut désirer, et qu'elle date du commencement du troisième siècle avant la naissance de Jésus-Christ, c'est« à-dire d'une époque où ils n'avaient encore aucun intérêt « à détourner le sens des prophéties qui regardent le Messie ...

« Mon travail sur les Septante ne resta pas longtemps un secret. Le grand-rabbin, Abraham Cologna, président du Consistoire central, qui, probablement, n'en augurait rien de bon pour le pharisaïsme, dont il était un zélé adhérent, vint me trouver pour en avoir communication. Après en avoir pris connaissance, il m'enjoignit d'y renoncer et d'abandonner pour toujours l'idée de publier un ouvrage aussi anti-juif. Ne me trouvant pas fort disposé à obtempérer à cet ordre, il me menaça, à défaut du *malkut*, qui n'est plus de mise [le malkut est une flagellation de la loi de Moïse (*Deutéronome* xxv, 3) de trente-neuf coups], d'une censure théologique en hébreu, en français et en italien, qu'il aurait envoyée à toutes les synagogues. On pense bien que cette menace polyglotte n'était pas de nature à m'effrayer (1). »

Ce n'était d'ailleurs pas la première fois que des Juifs avaient falsifié un texte de l'Ancien Testament. Les Samaritains, descendants des dix tribus qui s'étaient séparées des deux autres, possédaient un Pentateuque en anciens caractères hébraïques qu'on a retrouvé au XVIIᵉ siècle. Ce Pentateuque ne différait en rien de celui des autres Juifs, sauf en un endroit falsifié, au sujet du culte public, que les Juifs samaritains tenaient avoir été établi par Iahvé sur la montagne de Garizim, tandis que les autres Juifs, se basant sur un Pentateuque non falsifié, soutenaient que Iahvé devait être adoré à Jérusalem (2).

Les Juifs ne se contentaient pas, à cette époque, de ces falsifications, mais ils faisaient même disparaître des livres entiers, dont le contenu ne leur agréait pas.

L'ancien rabbin Drach déclare à ce sujet que c'est « une chose connue dans notre nation, qu'ils (les rabbins) ont fait disparaître (*ganezou*) des livres qui contredisaient leur doctrine. Les prophéties même d'Ezechiel et l'Ecclésiaste de Salomon, étaient sur le point d'éprouver le sort (3) ... »

Cette accusation, de l'ancien rabbin Drach est confirmée pour ce qui concerne les prophéties d'Ezechiel par le Talmud lui-même :

---

1 — ✠ P. L. B. Drach, *De l'harmonie entre l'Eglise et la Synagogue* (1844) t. I p. 51-55.

2 — Bossuet, *op. cit.*, époque VIII, p. 75-76.

3 — ✠ P. L. B. Drach, *Deuxième lettre d'un rabbin converti* (1827) p. 262-263.

« Faut se souvenir en bien de Hanania ben Hizkia ; s'il n'avait pas vécu, le livre d'Ezechiel aurait été caché, parce que ses paroles étaient en contradiction avec celles de la Tora (1). »

Passons maintenant aux temps modernes et recherchons si les Juifs appliquent encore le même système.

Le général Hellmuth de Moltke publiait en 1832 une description de la situation en Pologne, sous le titre *Darstellung der inneren Verhältnisse in Polen*, dans laquelle il relevait entre autres, que les Juifs de Pologne repoussaient toute tentative d'assimilation. Ceci ne pouvait plaire aux Juifs qui, à ce moment, attendaient encore monts et merveilles d'une émancipation suivie d'une assimilation complète. Lorsque la revue *Vom Fels zum Meer* reproduisit la brochure du général de Moltke, on put constater que le passage sur les Juifs avaient disparu (2).

Un autre exemple d'une falsification beaucoup plus grave : Adolf de Knigge avait inséré un chapitre sur les Juifs et sur la façon de se comporter envers eux, dans son livre *Ueber den Umgang mit Menschen* dont la première édition avait paru à Hanovre en 1788. Son livre eut un grand succès. Le chapitre en question contenait des passages, plutôt durs et désagréables à l'égard des Juifs. Ceci les gênait doublement vu la grande diffusion de l'ouvrage. Qu'arriva-t-il ensuite ? La 15e édition contenait bien une dissertation sur les Juifs (p. 303 ss), mais son texte différait complètement de celui de l'édition originale. Les critiques avaient été mystérieusement transformées en éloges. Le pauvre Knigge, qui avait mis en garde les chrétiens contre les Juifs, célébrait ainsi, après sa mort, la culture, la richesse et l'influence juive !

Une fois sur le bon chemin, ses « transformateurs » ne devaient pas s'arrêter de sitôt. La 20e édition, parue en 1889, mentionnait dans sa préface que l'on avait changé quelques expressions démodées et supprimé quelques opinions qui n'étaient plus fondées au XIXe siècle. Etrange prétention ! Arranger les opinions d'un auteur disparu depuis longtemps, selon les idées de celui qui publie son œuvre près

---

1 — *Sabbath* 13 b ; ✿ Goldschmidt, *op. cit.*, t. 1, p. 471.
2 — F. Roderich Stoltheim, *Das Rätsel des jüdischen Erfolges* (1928). p. 58.

d'un siècle après sa mort. La probité littéraire et historique a, de tout temps, prescrit de publier intégralement les œuvres d'un auteur disparu (1). Si l'on veut attirer l'attention du lecteur sur des expressions démodées ou des opinions périmées, on peut le faire dans une préface ou dans des notes, mais personne n'a le droit de dénaturer la pensée d'un disparu. Si cette méthode devait se répandre, nous ne pourrions nous fier à aucune édition d'un auteur disparu. Nous risquerions de nous trouver en présence d'un Voltaire préparé à la sauce calviniste ou communiste, d'un Luther accommodé à la façon catholique ou libérale. Mais passons, puisque l'éditeur annonçait qu'il avait supprimé certains passages, le lecteur devait s'attendre à un livre dans le texte duquel on avait fait des coupures. Il pouvait s'attendre à voir supprimé ce qui sonnait désagréablement aux oreilles juives. Mais ce n'était

---

1 — LENCULUS lors de la reprise numérique de l'œuvre remarquable de Kalixt de Wolsky, La Russie juive constata le fait. Des mots, on ne les citera dans cet exemple et un paragraphe n'était pas conforme à l'original. La falsification, dans ce cas présent, sur les mots juifs et sur les mots arabes est donc le fait de ceux d'un site *Catholique*. (?) On ne s'en étonnera pas. Il est d'ailleurs à constater que depuis cette découverte, l'ouvrage et de nombreux autres ont disparu du site en ligne. Il ne s'agit là que d'un exemple maintes fois constatés. D'où notre volonté de proposer, toujours et encore, des reprises d'ouvrages identiques aux originaux que nous possédons et de dénoncer de la sorte ces faits.

Exemple d'une falsification constatée, parmi de nombreuses autres :
Reprise sur le texte chargé sur le site *Catholique* (?):
Page 4 (édition Savine de 1887) : « L'ouvrage que nous présentons au public est sérieux et profond. L'auteur a parcouru des pays où de grandes agglomérations de Juifs *faisaient* apparaître *au grand jour leur emprise économique, animée par les forces obscures cachées dans les replis de la conscience juive*. Mais ce n'est qu'un commencement, une préparation à l'étude du monde mystérieux ou se forgent les armes qui ont asservi l'indépendance économique des Polonais, des Russes, des Hongrois et des Roumains ... »

Original

Page VII (édition Savine de 1887) : « L'ouvrage que nous présentons au public est sérieux et profond. L'auteur a parcouru les pays où de grandes agglomérations de Juifs *laissaient* apparaître le jeu des engrenages et le mécanisme de la force motrice ; *les obscurités qui cachaient aux chrétiens les replis de la conscience juive ont été percés à jour par l'auteur*. Mais ce n'est qu'un commencement, une préparation à l'étude du monde mystérieux ou se forgent les armes qui ont asservi l'indépendance économique des Polonais, des Russes, des Hongrois et des Roumains ... »

pas tout. On était allé jusqu'à parler de l'usure des chrétiens, dont Knigge n'avait pas dit un mot. Une édition populaire, parue en 1891, à Berlin, chez Siegfried Gronbach, contient les mêmes suppressions et falsifications (1). Les anciennes éditions étant épuisées, les acheteurs actuels du livre de Knigge ne sont plus en état de connaître sa pensée, ils se trouvent en présence d'un Knigge transformé, falsifié.

Voici maintenant une suppression appliquée au livre d'un auteur juif. L'historien Henri Graetz avait écrit, dans l'édition originale de son *Geschichte der Juden*, que Heine et Boerne ne s'étaient séparés du judaïsme qu'en apparence, « tels des combattants qui adoptent l'armure et le drapeau de « l'ennemi pour le frapper à coup plus sûr et mieux l'anéantir. » Cette phrase, qui était plutôt malheureuse sous la plume d'un juif, n'était pas de nature à faire apprécier hautement le caractère de ces deux Juifs, considérés comme des gloires de leur peuple. Aussi a-t-elle disparu dans le résumé français de l'ouvrage, publié par Moïse Bloch, après la mort de l'auteur (Paris, 1897, tome v).

Tout proche de nous, une aventure pareille est arrivée à Pestalozzi. Une réédition de ses *Fables* a été publiée en 1936 à Saint-Gall par la maison *Verlag Schweizer Bücherfreunde*. Dans cette édition, on a purement et simplement supprimé ce qui suit :

« Là où les Juifs et les enjuivés s'installent, il n'est plus question d'un esprit de corps, sauf dans la rue où habite la juiverie. Or, dans une commune où il n'y a plus d'esprit de corps, la communauté n'existe plus de fait (2). »

Pourquoi ces manipulations, pourquoi cette « circoncision » de textes, si ce n'est pour supprimer ce que des hommes célèbres ont dit en défaveur des Juifs ?

L'histoire peut encore être falsifiée par des récits fantaisistes et tendancieux de faits difficilement contrôlables. Mais le temps, les recherches dans des archives autrefois fermées, ou la publication des mémoires, permettent quelquefois des découvertes assez surprenantes.

---

1 — Certains textes de l'édition originale, en regard des textes correspondants de l'édition Cronbach, ont été publiés dans *Sigilla veri*, t. III p. 577-580.

2 — Alfred Zander dans les *Nationale Hefte* de novembre 1936, p. 416.

Un exemple de ce genre de falsification est fourni par l'histoire, ou mieux le roman, de l'origine de la fortune des Rothschild. Pendant près d'un siècle, le monde entier a cru que cette fortune était due à l'extraordinaire probité de l'ancêtre, Meyer Amschel Rothschild. L'électeur de Hesse lui aurait confié sa fortune, s'élevant à plusieurs millions de florins, au moment où il devait prendre la fuite et quitter son Etat devant l'invasion de Napoléon. Rothschild aurait sacrifié sa propre fortune pour sauver celle de l'électeur. Ayant appris la perte de la fortune de Rothschild, l'électeur aurait été persuadé avoir aussi perdu la sienne; il en était même si sûr qu'il ne s'informa pas auprès de Rothschild du sort de son dépôt. Une surprise l'attendait cependant lorsqu'il rentra, en 1813, dans ses Etats. Rothschild se serait présenté devant lui en lui offrant non seulement la restitution de sa fortune, mais encore le paiement de tous les intérêts. Touché d'une telle probité, l'électeur aurait renoncé aux intérêts et aurait laissé, pendant plusieurs années encore, sa fortune à la disposition des Rothschild.

Or, des découvertes récentes ont permis de constater que tout cela est une pure invention. Les grandes richesses de l'électeur furent cachées partout, sauf chez Rothschild. Plusieurs caisses contenant des titres, ainsi qu'un portefeuille avec un million et demi de thalers, furent portés au dernier moment au ministre d'Autriche, le baron de Wessenberg. Celui-ci écrivit à Vienne que l'électeur lui avait envoyé ces richesses « parce qu'il n'avait pas assez de confiance en ses « hommes d'affaires (1). » Finalement on transporta dix-neuf caisses à Francfort, qu'on déposa, non chez Rothschild, mais dans une maison de transports, Preye et Jordis. Enfin, en 1807, on confia à Meyer Amschel Rothschild... quatre caisses contenant des documents provenant des archives du cabinet secret de l'électeur (2). C'était tout ce que Rothschild avait eu à conserver pour l'électeur de Hesse, quatre caisses contenant des papiers.

Mais alors comment est née cette légende de confiance absolue, de grande probité et de récompense presque céleste ? Les mémoires de Frédéric de Gentz, publiés en 1874, avaient déjà démontré que Gentz recevait de nombreuses faveurs de la part des Rothschild. Pour les remercier, il mit sa plume à leur disposition, et usa, en leur faveur, de

---

1 — Egon Caesar Corti, *Der Aufstieg des Hauses Rothschild* (1927), p. 54-57.

2 — Corti, *ibidem*, p. 60.

son influence sur Metternich. Les Rothschild savaient estimer à sa juste valeur cette réclame d'un auteur apprécié. Gentz avait déjà publié un certain nombre d'articles à la gloire de la maison de Rothschild, lorsqu'une occasion unique se présenta. On préparait, en 1826, une nouvelle édition de *Brockhaus Konversations Lexikon*. Jusqu'ici cette encyclopédie très connue n'avait encore consacré aucun article aux Rothschild. Salomon Rothschild chargea alors Gentz d'écrire « moyennant une récompense princière » un article sur les origines de sa maison. Il lui fixait les points qui devaient être particulièrement mis en lumière. Une grande importance devait être attachée aux relations entre l'électeur de Hesse et Meyer Amschel, en laissant entendre que le premier avait confié son énorme fortune à la maison Rothschild qui l'avait sauvée en risquant ses propres deniers. Gentz devait surtout appuyer sur la probité et le désintéressement des Rothschild (1).

Nous constatons donc toute la gamme des falsifications de l'antiquité à nos jours ; interpolations et suppressions de textes, changement de tendance de certaines phrases, création de légendes favorables aux intéressés. Toutes provoquées par l'orgueil : falsifications, parce que les Juifs alexandrins voulaient imposer leur dieu et leur sabbat ; falsifications parce que les rabbins ne voulaient pas avouer que certaines prophéties ne correspondaient pas à leur enseignement ; falsifications, parce que les Juifs de nos jours ne peuvent admettre qu'un auteur connu use de critique à leur égard ; falsifications, parce qu'une famille juive veut ennoblir l'origine de ses richesses...

---

1 — Corti, *ibidem*, p. 362-363.

Benjamin Disraeli (1804-1881), alias Sir Beaconsfield, ministre anglais, dans un discours prononcé à Aylesbury le 20 Novembre 1876.

"Les gouvernements de ce siècle ne sont pas en relation seulement avec les gouvernements, empereurs, rois et ministres, mais aussi avec les sociétés secrètes, éléments dont on doit tenir compte et qui au dernier moment peuvent annuler n'importe quel accord, qui possèdent des agents partout - agents sans scrupule qui poussent à l'assassinat, capables, si nécessaire, de provoquer un massacre".

L'ORGUEIL À LA CONQUÊTE DU MONDE PAR LA CORRUPTION

Les falsifications ne sont qu'un moyen indirect et secondaire pour influencer et dominer l'esprit des non-juifs. Des moyens plus actifs sont nécessaires pour arriver à la conquête du monde. La corruption des esprits et des mœurs est l'un des plus efficaces. Elle permettrait de diviser et de dissoudre l'unité aryenne. *Divide ut impera.*

Ces tentatives de corruption sont inspirées par l'orgueil juif. Puisque les non-juifs sont tellement inférieurs, puisqu'ils ne détiennent le pouvoir que pour un temps limité, puisque les Juifs ont la promesse de la domination finale, rien de plus naturel que de croire aisée la corruption des *goim*.

Pour arriver à leurs fins, les Juifs emploient toute l'échelle des moyens de corruption. En premier lieu, la corruption directe : l'achat des consciences. Les preuves abondent : partout et toujours les Juifs les ont achetées. Le rabbin Joseph Bloch rapporte que le comte palatin Charles Louis se plaignait au XVIIᵉ siècle, auprès du rabbin de Mannheim, de ce que les Juifs, en procès avec un chrétien, tâchaient de corrompre les juges chrétiens. Le rabbin répondit entre autres que les juges chrétiens étant enclins à donner raison aux chrétiens, l'argent donné par les Juifs rétablissait l'impartialité ; seul l'argent distribué permettait un jugement impartial ! Le rabbin avoua que cette façon de procéder ne se justifiait pas juridiquement, mais qu'elle était compréhensible puisque les Juifs ne croient pas commettre une injustice en corrompant un juge (1).

Il est curieux de constater que les Juifs accusent les juges chrétiens de partialité envers leur coréligionnaire, tandis que le Talmud ordonne la partialité aux juges juifs :

---

1 — ✡ Joseph S. Bloch, *Israël und die Völker* (1922) p. 179.

« Si un Juif est en procès avec un non-juif, tu [le juge juif] donneras autant que possible gain de cause au Juif, et tu diras au non-juif : « C'est ainsi que le veut notre loi. » Si c'est possible, d'après la législation des non-juifs, tu donneras encore gain de cause au Juif et tu diras au non-juif : « C'est ainsi que le veut votre loi. » Si tout ceci n'est pas possible, alors il faudrait ruser (1). »

Il est compréhensible que le Juif, sachant que ses juges ont le devoir de protéger leurs coreligionnaires, pense qu'il en est de même pour les juges n'appartenant pas à la race d'Israël. Il tend donc à les corrompre. Les preuves en sont multiples et les Juifs ne le cachent pas.

Ainsi, M. Armand Mossé rapporte que l'évêque de Carpentras se plaignait, en 1745, à l'assesseur du Saint-Office de Rome de ce que les Juifs s'étaient procuré « avec leur argent un grand nombre de protecteurs (2). »

Lors du Congrès de Vienne, les Juifs faisaient des cadeaux multiples ; ils offrirent même trois bagues précieuses ou 4000 ducats à Guillaume de Humboldt, délégué de la Prusse au Congrès. Humboldt refusa le cadeau corrupteur ; mais Frédéric de Gentz, que nous avons déjà vu si dévoué à la cause des Rothschild, avait moins de scrupules (3).

Les Rothschild étaient d'ailleurs passé maîtres en corruption. Pour obtenir, en 1885, certains avantages de l'Espagne, ils avaient simplement « acheté » le ministre des finances, le comte Toreno, pour 1.600.000 francs (4). Lorsque, malgré cet « achat », les affaires ne marchèrent pas encore selon leurs désirs, les Rothschild s'engageaient, grâce aux ressources dont ils disposaient, dans une opération à la baisse, de près de deux millions de livres sterling, contre les fonds d'Etat espagnols. Ces titres baissèrent de 70 à 37. Dans la panique qui suivit cet acte de vengeance, les détenteurs de ces papiers perdirent les deux tiers de leur fortune, plusieurs furent complètement ruinés, mais les Rothschild y gagnèrent une petite fortune et rentrèrent dans les 1.600.000 francs qu'ils avaient payés en pots de vin au ministre des finances (5).

---

1 — *Baba Kamma* 113 a ; ✿ Goldschmidt, *op. cit.*, t. VII, p. 394.
2 — ✿ Armand Mossé, *Histoire des Juifs d'Avignon et du Comtat venaissin* (1934) p. 216.
3 — Corti, *Der Aufstieg des Hauses Rothschild* (1927), p. 166.
4 — Corti, *Das Haus Rothschild in der Zeit seiner Blüte* (1928), p. 137.
5 — Corti, *ibidem*, p. 141.

Herzl, l'animateur du sionisme, intègre en ce qui concernait ses affaires personnelles, n'hésitait pas à corrompre les autres, lorsque cela lui paraissait nécessaire pour atteindre son but. Le 31 décembre 1900, il écrivait à Vambéry (1) qu'il entreprendrait un voyage pour décider les financiers juifs à couper toutes ressources au gouvernement turc, afin de prouver à ce gouvernement qu'il n'était pas une « quantité négligeable (2). »

Les mémoires de Herzl contiennent d'ailleurs de nombreux passages traitant de personnages achetés ou à acheter. Notons en passant que ces mémoires révèlent chez Herzl un orgueil incroyable.

Quand un diplomate belge a le malheur de ne pas le connaître, Herzl écrit dans ses mémoires : « Je suis un des cinq cents hommes les plus connus du monde, ce qui n'empêche cc pas que je sois un inconnu pour le ministre belge (3). »

Lorsqu'un diplomate autrichien ne le connaît pas, c'est pire :

« Je n'existe pas pour les diplomates de mon pays ; ils me cc traitent comme si j'étais de l'air, les idiots. Personne ne se souviendra plus d'eux, lorsque mon nom brillera comme cc une étoile à travers les âges (4). »

Après une audience de longue durée chez un ministre : « La valetaille (en français dans le texte) me traita avec respect après cette audience prolongée (5). »

Après une audience du grand-duc de Bade : « Un groupe de jeunes officiers... regardaient avec étonnement et respect le Juif étranger qui était resté aussi longtemps auprès de leur prince (6). »

Enfin l'aveu pittoresque : « Si je pouvais choisir, j'aimerais être de vieille noblesse prussienne (7). » Cet aveu vaut de l'or. Un Juif qui déteste tout ce qui est noble élevé chez les autres, avoue dans un moment de sincérité qu'il n'aimerait rien tant que d'appartenir à la noblesse féodale.

---

1 — Arminius (Hermann) Vambéry, de son vrai nom probablement Bamberger, Juif de Hongrie, avait changé à cinq reprises de religion, d'après ses convenances. Il était à la fois agent secret de l'Angleterre et de la Turquie.

2 — ✡ Herzl, *Tagebücher*, t. II, p. 518-519.

3 — ✡ Herzl, *Tagebücher*, t. III, p. 268.

4 — ✡ Herzl, *Tagebücher*, t. III, p. 400.

5 — ✡ Herzl, *Tagebücher*, t. III, p. 582.

6 — ✡ Herzl, *Tagebücher*, t. II., p. 426.

7 — ✡ Herzl, *Tagebücher*, t. I. 223.

Acheter des consciences n'est pas la seule façon de corrompre les non-juifs. Ce n'est même pas la plus dangereuse. Corrompre l'âme, dissoudre les valeurs spirituelles et sociales est bien plus néfaste. Le Juif sait s'y prendre ; il n'exerce généralement aucune violence apparente, mais il dissocie, il trouble, il décompose, il dissout. « Israël dissout sans être dissous », dit Jean de Menasce, juif converti.

Des preuves, il n'en manque pas, mais il est inutile de les mentionner puisque les Juifs n'hésitent pas à reconnaître leur action dissolvante, dans tous les domaines.

«Tout en s'imaginant travailler pour ce qu'on était convenu d'appeler le progrès, elle [l'élite juive] est souvent devenue un élément de dissolution sociale par ses critiques contre les institutions existantes (1). »

«Le judaïsme a, pendant le dernier siècle, contribué d'une « façon merveilleuse à la destruction de la vieille civilisation occidentale (2). »

«Par leur activité dans la littérature et dans la science, par leur position dominante dans toutes les branches de l'activité publique, ils [les Juifs] sont en train de couler graduellement les pensées et les systèmes non-juifs dans des moules « juifs (3). »

Enfin : « Nous ne sommes plus le grand commun diviseur des peuples que pour en devenir le plus grand commun fédérateur. Israël est le microcosme et le germe de la Cité future (4). »

Les Juifs n'exagèrent pas en s'accusant ainsi. On n'a qu'à jeter un coup d'œil autour de soi pour se rendre compte jusqu'à quel point le Juif est arrivé à corrompre son entourage. Les moyens pour atteindre ce résultat sont entre ses mains. Le théâtre, le cinéma, sont presque totalement juifs ; la presse, quand elle n'est pas enjuivée,

---

1 — ✡ E. Schnurmann, *op. cit.*, p. 145.

2 — ✡ Nachum Goldmann, *Von der weltkulturellen Bedeutung und Aufgabe des Judentums* (1916), p. 33.

3 — ✡ *The Jewish World* du 9 février 1883 ; d'après Léon de Poncins, *La mystérieuse internationale juive* (1936) p. 226.

4 — Propos d'un banquier juif de New-York rapporté par l'ambassadeur de Saint-Aulaire, *Genève contre la paix* (1936) p. 92.

subit l'influence de ses annonciers juifs et des agences de publicité où l'élément juif domine également.

Cette œuvre de destruction était préparée depuis toujours. Pendant longtemps, notre civilisation était assez solide pour se défendre contre l'influence juive. Les Juifs purent noter quelques succès lorsque le siècle de la Renaissance eut affaibli l'esprit chrétien. La situation des Juifs limitait cependant les ravages. Mais vint l'émancipation, succédant aux idées néfastes de la révolution française et l'œuvre corruptrice du judaïsme put se développer dans toute sa force. Lentement, mais sûrement, d'abord par le théâtre et la littérature, plus tard par le cinéma, il arriva à modifier la mentalité de son entourage.

Walther Rathenau a taché de laver les Juifs de l'accusation d'être responsables des révolutions spirituelles — euphémisme pour démoralisation — de notre époque : « Une intuition populaire, qualitativement exacte, mais erronée quant à l'explication causale, a souvent rendu les Juifs responsables des révolutions spirituelles les plus violentes de notre époque et des époques précédentes ; c'est qu'on se rendait compte que la manière de penser des Juifs s'harmonisait singulièrement avec celle de l'époque mécanisée. Mais ce serait faire des Juifs les maîtres du monde et considérer les peuples européens comme dépourvus de toute valeur que d'attribuer aux quelques centaines de mille Juifs le mérite et le tort de la mécanisation, et cela surtout dans des pays qu'ils n'habitaient pas et à des époques où ils ne jouissaient d'aucun droit civique (1). »

La défense est habilement inexacte. Une minorité agissante, l'histoire l'a prouvé à plusieurs reprises, exerce plus d'influence que la grande masse. Les révolutions spirituelles ont toujours été l'œuvre d'une minorité, comme cela a été le cas pour les révolutions matérielles. Une minorité qui s'est préparée pendant des dizaines de siècles à son œuvre destructrice arrivera à ses fins, si son entourage ne se défend pas ou s'il se défend mollement.

---

1 — ✿ Walther Rathenau, *Où va le monde ?* (1922) p. 252-253.

Adolphe Crémieux
de son vrai nom Isaac-Jacob Adolphe Crémieux

30 avril 1796 à Nîmes - 10 février 1880 à Paris

L'ORGUEIL A LA CONQUÊTE DU MONDE PAR LA RÉVOLUTION

« Encore un Juif ! s'écrient les frères Tharaud, dans « *Vienne la Rouge*. Je n'y puis rien. Et ce n'est vraiment pas ma faute si en Russie, en Hongrie, en Allemagne, en Autriche, dans toutes les tentatives pour imposer à l'Europe une conception communiste ou socialiste de la vie, on retrouve toujours et partout l'esprit et la main d'Israël (1). »

Nous avons démontré ailleurs (2), l'influence juive dans toutes les révolutions et son rôle dans la conquête du monde. Nous nous bornerons donc ici à traiter de l'esprit révolutionnaire juif pour autant qu'il est une conséquence de leur orgueil.

L'influence qu'il exerce sur les tendances révolutionnaires juives, provient de deux causes découlant l'une de l'autre : l'orgueil d'avoir été appelé par Iahvé à réformer le monde est à la base, ensuite vient la volonté de se mettre à la place de ceux qui détiennent le pouvoir. L'envie, cette plaie des démocraties, ronge l'âme juive. « La cour, l'armée, l'aristocratie lui sont odieuses », déclare M. Elie Eberlin (3). Pourquoi ? Parce qu'ils n'appartiennent pas aux milieux de la cour et que peu d'entre eux font partie de l'armée ou de l'aristocratie. L'aveu de Herzl est, à cet égard, typique (4).

Il est également symptomatique que les masses juives, si profondément anti-monarchiques et même souvent anti-étatiques « saluèrent la révélation sioniste par le cri enthousiaste adressé à

---

1 — Jérôme et Jean Tharaud, Vienne la Rouge (1934), p. 69-70.
2 — *Israël, son passé, son avenir*, p. 70-112.
3 — ✡ Elfe Eberlin, *Les juifs d'aujourd'hui* (1927) p. 136.
4 — *Cf.* p. 100.

Théodore Herzl de *Yehi Hamelekh* ! Vive le roi ! La spontanéité de ce cri, l'enthousiasme indescriptible dans lequel il a été poussé, sont dignes d'être remarqués », ajoute M. Kadmi Cohen (1). Certes, ils sont dignes d'être remarqués. Révolutionnaires et destructeurs aussi longtemps qu'ils n'ont pas le pouvoir, les Juifs se révéleront tyrans et conservateurs orgueilleux lorsqu'ils auront dissous les forces aryennes.

« Nous nous sommes heurtés déjà dans le courant de notre histoire, continue M. Kadmi Cohen, à l'Espagne catholique, qui nous brûlait sur *(sic)* les autodafés de l'Inquisition, à la Russie orthodoxe, qui nous faisait massacrer par ses cosaques et ses « *hooliganes*. » Ni l'une ni l'autre n'ont survécu à nos persécutions. Tant pis pour l'Angleterre s'il lui plaît de suivre les exemples espagnol et russe « [en ne protégeant pas suffisamment les Juifs en Palestine]. Vainqueurs parce que survivants avant *(sic)*, nous vainquerons *(sic)* cette fois aussi (2). »

Ceci était écrit en 1930 lorsque la malheureuse Russie gémissait depuis treize ans sous le joug juif. Le martyre de l'Espagne, depuis un an, a complété la vengeance de l'orgueilleuse race élue.

Cette destruction de nos valeurs religieuses, éthiques, scientifiques et artistiques continuera aussi longtemps que nous permettrons à la puissance juive de se fortifier à nos dépens. Walther Rathenau n'a pas craint de le prédire :

« Après que durant des siècles notre planète a bâti, rassemblé, conservé, préservé, accumulé les trésors matériels et intellectuels, pour servir à la jouissance, à la culture, au perfectionnement de quelques-uns, voici venir le siècle des démolitions, de la destruction, de la dispersion, du retour à la barbarie ...

« Lorsqu'un jour un monde se réveillera à la suite d'un long engourdissement, il songera avec étonnement, avec une mélancolie romantique, à nos civilisations, et rassemblera leurs restes dispersés. Ce monde nous sera supérieur en un seul point, mais en un point capital : il ne sera plus le monde et l'époque de quelques-uns, mais de tous. Que son bonheur soit fait de plus de richesse ou de pauvreté que le nôtre : il ne sera plus pressuré de douleur et de péché (3). »

---

1 — ✿ Kadmi Cohen, *L'Etat d'Israël* (1930) p. 59.
2 — ✿ Kadmi Cohen, *ibidem*, p. 60-61.
3 — ✿ Walther Rathenau, *Le Kaiser* (1932) p. 145-147.

C'est toujours le même orgueil maudit : détruire, annihiler, même retourner à la barbarie, pour construire ensuite l'Etat messianique où il n'y aura plus de douleur et de péché. Que les *goïm* soient massacrés et torturés pendant l'époque de barbarie qui précédera, cela n'a aucune importance, pourvu que le peuple élu crée l'Etat sans douleur et sans péché. Il est impossible de transformer l'esprit juif à cet égard. Son orgueil ancestral l'a immunisé contre toute velléité de douter de son droit de transformer le monde à son gré, parce que sa volonté est la volonté de Iahvé. Cette théorie découle de leur théorie sur la création de l'homme qui n'admet pas qu'un être vivant soit placé au-dessus du Juif.

« D'après cette théorie, dit Bernard Lazare, tout pouvoir appartient à Dieu, et le Juif ne pouvait être dirigé que par Iahvé. Il ne rendait compte de ses actes qu'à Adonaï qui gouverne les cieux et la terre ; aucun de ses semblables n'avait le droit de restreindre son action ni de lui imposer sa volonté...

« N'avaient-ils pas été faits à l'image de Dieu, et leur être ne participait-il pas de ce Dieu ? C'est parce qu'ils avaient été modelés sur leur Créateur que leurs frères humains ne devaient pas commettre ce sacrilège de les opprimer...

« Après Iahvé, ils ne crurent qu'au moi. À l'unité de Dieu correspondit l'unité de l'être ; au Dieu absolu, l'être absolu. Aussi la subjectivité fut-elle toujours le trait fondamental du caractère sémitique ; elle conduisit souvent les Juifs à l'égoïsme et cet égoïsme s'exagérant chez quelques talmudistes, ils finirent par ne plus guère connaître, en fait de devoirs, que les devoirs envers soi-même (1). »

L'orgueil fait ainsi des tendances révolutionnaires juives un curieux mélange. D'une part, le Juif croit être appelé par Iahvé à réformer le monde, à y faire régner la justice et l'égalité ; d'autre part, son égocentrisme lui fait admettre comme un axiome qu'il sera le maître de ce royaume où régnera l'égalité... parmi les autres. L'égalité des serfs sous la botte juive. Il ne vient même pas à l'esprit des Juifs que nos institutions sociales sont l'œuvre et l'expérience des siècles. Il entend détruire, comme les vieux prophètes d'Israël ordonnaient de détruire les vaincus, non seulement les hommes armés, mais aussi leurs femmes, leurs enfants, leurs cultures, leurs richesses. Tout

---

1 — ✿ Bernard Lazare, *L'antisémitisme*, t. II, p. 171-174.

détruire et tout massacrer, pour reconstruire ensuite, telle était leur tendance il y a des milliers d'années, telle elle est encore de nos jours.

Dans tout commencement de révolution, d'émeute ou même de simple bagarre, on constate la présence des Juifs.

« Aussi verra-t-on, écrivait il y a cent-vingt ans le chevalier de Malet, que les auteurs de la révolution ne sont pas plus Français qu'Allemands, Italiens, Anglais, etc. Ils forment une nation particulière, qui a pris naissance et s'est agrandie dans les ténèbres, au milieu de toutes les nations civilisées, avec le but de les soumettre toutes à sa domination (1). »

Cahier de Gerville, dans un discours à l'assemblée de la Commune de Paris, le 30 janvier 1790, expliquait quelle était cette « nation particulière » :

« Aucune catégorie de citoyens n'a fait preuve de plus de zèle dans la lutte pour la conquête de la liberté que les Juifs. Personne n'aspire davantage qu'eux à porter l'uniforme de la garde nationale (2) … »

Il en a toujours été ainsi, les Juifs se battent pour la liberté et les gogos qui les suivent jouiront de la liberté en marchant derrière le peuple juif, dans les chaînes, comme des captifs et en se prosternant devant lui », comme le prophétisait le rabbin Loeb (3).

---

1 — Malet (le chevalier de), *Recherches politiques et historiques et prouvent l'existence d'une secte révolutionnaire* (1817) p. 2

2 — ✿ Otto Heller, *La fin du judaïsme* (1933) p. 82.

3 — *Cf.* p. 59.

L'ORGUEIL À LA CONQUÊTE DU MONDE
Conclusion

Les Juifs ont bien préparé les choses.

L'*orgueil racial* les a empêchés, pendant plus de deux mille ans, d'introduire dans leur peuple le sang des autres races. Si une Juive épouse un Aryen, c'est la famille aryenne qui est métissée de sang juif ; et si, par exception, un Juif épouse une Aryenne, le Juif est généralement perdu pour le peuple juif. C'est même une chose salutaire, écrit M. E. Schnurmann :

> « Que l'épuration de la collectivité d'éléments trop faibles pour soumettre leurs instincts sexuels aux exigences de la conservation de la race et de sa culture. C'est ainsi que le peuple juif fait à chaque génération une sélection : les branches gangrenées sont coupées, afin que le noyau soit d'autant plus sain et capable de durer et de perpétuer l'héritage que le passé lui a légué (1). »

Le mépris du goy entretient chez les Juifs le sentiment de leur supériorité.

Les richesses leur permettent d'acheter les consciences et de gagner de l'influence dans tous les domaines.

Les falsifications cachent ou transforment les écrits des grands hommes, ne laissant subsister que ce qui est favorable aux Juifs.

L'influence corruptrice agit comme un dissolvant en affaiblissant la résistance des autres peuples.

Les efforts révolutionnaires tendent, en dernier ressort, à la destruction de tout ce qui n'est pas juif.

---

1 — ✡ E, Schnurmann, *op. cit.* p. 94.

Les Juifs occupent déjà les leviers de commande dans plusieurs pays ; et s'ils ne se trouvent pas partout dans les places en vue, c'est qu'ils peuvent tout aussi bien gouverner en restant dans l'ombre. Disraeli constatait déjà que les hommes les plus puissants ne sont pas ceux que le public connaît (1) ; que les hommes d'État de la plupart des pays ont des Juifs comme conseillers ou secrétaires privés et que le monde est gouverné par d'autres hommes que ceux que l'on voit sur la scène (2). Il en était déjà ainsi au temps de Jésus-Christ, lorsque les Juifs forçaient Pilate à crucifier Notre-Seigneur, alors que Pilate ne voyait en lui aucune faute méritant la mort. Les Juifs renient volontiers leur part dans cette effroyable tragédie et prétendent que Pilate étant le maître, c'est lui qui a condamné : Les Juifs ne sont ainsi responsables de rien.

Actuellement les Juifs orthodoxes pensent atteindre leur but en cherchant à se rapprocher des chrétiens, et de bonnes âmes parlent d'une civilisation « judéo-chrétienne ». L'on sait ce qu'était autrefois la civilisation judaïque, l'on sait également ce qu'est la civilisation chrétienne, mais il est impossible de savoir ce qu'est l'être hybride qui se pare du nom de « *civilisation judéo-chrétienne.* » Cette civilisation serait un non sens et une impossibilité. Des civilisations basées sur des principes diamétralement opposés ne peuvent s'amalguer pour devenir une civilisation commune. On a ouvert la civilisation chrétienne aux Juifs et cent-quarante ans n'ont pas amené leur assimilation à notre culture. Certains voudraient maintenant faire un pas de plus ! Notre pauvre culture chrétienne, qui a déjà été suffisamment matérialisée et démoralisée par l'influence juive, reconnaîtrait sa déchéance en s'appelant désormais « civilisation judéo-chrétienne. » Ceux qui propagent cette monstruosité se sont laissés tenter par l'appât des idées généreuses mais vagues que le Juif subtil et rusé a fait miroiter devant leurs yeux. Il exhorte les chrétiens à s'unir sur le terrain du monothéisme ; il les engage à la solidarité sur cette base unique, en laissant dans l'ombre les autres dogmes. Le Juif n'y perdrait rien puisqu'il n'a qu'un seul dogme : l'unité de Dieu. Les chrétiens, au contraire, perdraient une partie de leurs moyens de défense contre l'influence toujours grandissante de l'esprit juif, influence que

---

1 — ☦ Disraeli, *Endymion* (1880) t. 1, p. 329-331.
2 — ☦ Disraeli, *Coningsby* (1849) p. 251-252.

l'*Univers israélite* du 26 juillet 1907 a reconnue en des termes dont la clarté ne laisse rien à désirer :

« On rencontre à presque tous les grands changements de pensée une action juive, soit éclatante et visible, soit sourde et latente. Ainsi l'histoire juive longe l'histoire universelle sur toute son étendue et la pénètre par mille trames (1). »

La proclamation d'une civilisation judéo-chrétienne favoriserait cette action « sourde et latente » du judaïsme. Les promoteurs de cette étrange civilisation ne s'en aperçoivent-ils pas ? Ne se rappellent-ils pas que la figure du Christ se dressera entre les Juifs et les chrétiens aussi longtemps que les Juifs resteront des juifs et que les chrétiens resteront vraiment chrétiens ? Atténuer la différence entre les deux conceptions équivaudrait à une diminution des dogmes chrétiens, tandis que l'unique dogme juif serait sauvegardé.

Le danger vient donc de tous les côtés, les Juifs en faisant les moutons, ont su intéresser à leur cause les milieux les plus divers. Il est inutile de combattre leur orgueil, cause de tout. Ce que vingt siècles n'ont pu obtenir, notre époque ne l'obtiendra pas non plus. Devant cet orgueil invétéré, il n'y a qu'un moyen de défense : lui donner un dérivatif. Permettre aux Juifs, et au besoin les forcer, de former un Etat pareil aux autres, c'est-à-dire liquider la diaspora.

---

1 — Henri Delassus, *La conjuration anti-chrétienne* (1910) t. II, p. 687.

Roi de Trèfle. — *Homme d'Argent.*

INDEX DES OUVRAGES CITÉS

✡ Achad Haam. — *Am Scheidewege*. Berlin, 1923, 2 vol.
Action. Hebdomadaire. Londres.
☦ Aron (Marguerite). — *Prêtres et religieuses de Notre-Dame de Sion*. Paris, 1936.
✡ Asch (Schalom). — *Le soldat juif*, trad. L. Blumenfeld. Paris, 1922.
✡ Asch (Schalom). — *Von den Vätern*. Berlin, 1931.
✡ Bedarride (J.). — *Les Juifs en France, en Italie et en Espagne*. Paris, 1859.
Belloc (Hilaire). — *The Jews*. Londres, 1928.
✡ Ben-Eliezer. — *Letters of a Jewish father to his son*. Londres, 1928.
✡ Bernfeld (Marcel). — *Le sionisme*. Paris, 1920.
Bischoff (Erich). — *Das Buch vom Schulchan aruch*. Leipzig, 1929.
Blackshirt. Hebdomadaire. Londres.
✡ Bloch (Chajim). — *Das jüdische Volk in seiner Anekdote*. Berlin, 1931.
✡ Bloch (Joseph S.). — *Israël und die Völker*. Berlin-Vienne, 1922.
✡ Bloch (Pierre) et Méran (Didier). — *L'affaire Frankfurter*. Paris, 1937.
Bossuet. — *Discours sur l'histoire universelle*. Paris, 1842.
Bourdaloue. — *Œuvres complètes*. Paris, 1845, 3 vol.
Brun (Henry-Lucien). — *La condition des Juifs en France depuis 1789*. Paris, 2ᵉ édit.
✡ Cahen (Edmond). — *Juif, non ... israélite*. Paris, 1930.
✡ *Cahiers juifs*. — Revue bimestrielle. Paris.
☦ Cerfberr de Medelsheim (A.). — *Les Juifs, leur histoire, leurs mœurs*. Paris, 1847.
✡ Cohen (Albert). — *Paroles juives*. Paris, 1921.
✡ Cohen (Elie). — *La question juive devant le droit international public*. Paris, 1922.
✡ Cohen (Kadmi). — *L'Etat d'Israël*. Paris, 1930.

✡ Cohen (Kadmi). — *Nomades, essai sur l'âme juive.* Paris, 1929.
✡ *Conscience des Juifs (La).* — Revue mensuelle. Paris.
Corti (Egon Caesar). — *Der Aufstieg des Hauses Rothschild, 1770-1830.* Leipzig, 1927.
Corti (Egon Caesar). — *Das Haus Rothschild in der Zeit seiner Blüte 1830-1871.* Leipzig 1928.
Delassus (Henri). — *La conjuration antichrétienne.* Lille, 1910. 3 vol.
☦ Disraeli (Benjamin). — *Coningsby.* Londres, 1849.
☦ Disraeli (Benjamin). — *Endymion.* Londres, 1880, 3 vol.
☦ Drach [(Paul Louis Bernard)]. — *Deuxième lettre d'un rabbin converti aux Israélites ses frères, sur les motifs de sa conversion.* Paris, 1827.
☦ Drach (P.L.B.). — *De l'harmonie entre l'Eglise et la synagogue.* Paris, 2 vol.
✡ *Droit de Vivre (Le).* — Hebdomadaire. Paris.
✡ Dubnow (Simon). — *Weltgeschichte des jüdischen Volkes.* Berlin, 1925-1930, 10 vol.
✡ Eberlin (E). — *Les Juifs d'aujourd'hui.* Paris, 1927.
✡ Eberlin (Elie). — *Les partis juifs en Russie.* Cahiers de la quinzaine, 11 décembre 1904, Paris.
Engelhardt (E. von). — *Jüdische Weltmachtpläne.* Leipzig. 1936.
Fascist Quarterly (The). — Revue trimestrielle, Londres.
Férenzy (Oscar de). — *Les Juifs et nous chrétiens.* Paris, 1935.
✡ Fleg (Edmond). — *Anthologie juive des origines à nos jours.* Paris, 1924.
✡ Fleischmann (Hector). — *Rachel intime.* Paris 1910.
✡ Geiger (Raymond). — *Histoires juives.* Paris, 1923.
Geisendorf (Th.) — *L'avènement du roi messianique d'après l'Apocalyptique juive et les Evangiles synoptiques.* Cahors, 1900.
✡ Glückel von Hameln. — *Denkwürdigkeiten*, trad. Alfred Feilchenfeld. Berlin, 1913.
✡ Goldmann (Nachum). — *Von der weltkulturellen Bedeutung. und Aufgabe des judentums.* Munich, 1916.
✡ Goldschmidt (Lazarus). — *Der Babylonische Talmud nach der ersten zensurfreien Ausgabe unter Berücksichtigung der neueren A usgaben und handschriftlichen Materials neu übertragen durch...* Berlin 1930-1936, 12 vol.
✡ Heller (Otto). — *La fin du judaïsme*, trad. Marcel ollivier, Paris, 1933.
✡ Herzl (Théodore). — *L'Etat juif.* Paris, 1926.

✿ Herzl (Theodor). — *Tagebücher.* 1895-1904. Berlin, 1922-1923, 3 vol.
✿ *Jewish Chronicle* (The). — Revue hebdomadaire, Londres.
✿ *Jewish Encyclopedia* (The). — New-York-Londres. 1926, 12 vol.
Jonak von Freyenwald (Hans). — *Die Zeugen Jehovas.* Berlin, 1936.
✿ Joseph (Max). — *Das Judentum am Scheidewege.* Berlin, 1908.
✿ Josèphe (Flavius). — *Histoire de la guerre des Romains,* trad. Arnaud d'Andilly. Paris.
✿ *Jüdisches Lexikon.* — Berlin, 1927-1930, 5 vol.
Juste Parole (La). — Revue bimensuelle, Paris.
✿ Kastein (Josef). — *Juden in Deutschland.* Vienne, 1935.
Kessler (H.). — *Walther Rathenau,* trad. Denise van Moppès, 1933.
✿ Klatzkin (Jakob). — *Probleme des modernen Judentums.* Berlin, 1918.
Kofler (J. A.) — *Katholische Kirche und Judentum.* Munich, 1931.
✿ Kohn (Hans). — *Die politische Idee des Judentums.* Munich, 1924.
✿ Komperk (Léopold :. — *Scènes du ghetto,* trad, Daniel Stauben. Paris, 1859.
✿ König (Johan Balthasar). — *Annalen der Juden in den preussischen Staaten, besonders in der Mark Brandenburg.* Berlin, 1790.
Kuyper (A.). — *Autour de l'ancienne mer du monde,* trad. du néerlandais. Bruxelles 1910-1911, 2 vol.
Launay (Robert). — *Figures juives.* Paris, 1921.
✿ Lazare (Bernard). — *L'antisémitisme, son histoire et ses causes.* Paris, 1934, 2 vol.
✿ Lazare (Bernard). — *Le fumier de Job.* Paris, 1928.
✞ Lémann (Abbés). — *La question du Messie et le Concile du Vatican.* — Paris, 1869
✞ Lémann (Joseph). — *L'entrée des Israélites dans la société française.* Paris, 1886.
✞ Lémann (Joseph). — *Napoléon Ier et les Israélites.* Paris, 1894.
✿ Lewisohn (Ludwig). — *Israël, où vas-tu ?* trad. Régis Michaud, Paris 1930.
✿ Loeb (Isidore). — *La littérature des pauvres dans la Bible.* Paris, 1892.
Luzsenszky (A). — *Der Talmud in nichtjüdischer Beleuchtung.* Budapest, 1932, 6 T. en 1 vol.
Malet (de). — *Recherches politiques et historiques qui prouvent l'existence d'une secte révolutionnaire.* Paris, 1817.

✿ Maurois (André). — *Edouard VII et son temps.* Paris, 1933.
Maurras (Charles). — *La dentelle du rempart.* Paris, 1937.
✿ Mossé (Armand). — *Histoire des Juifs d'Avignon et du Comtat venaissin.* Paris, 1934.
✿ Mossé (Georges). — *L'histoire inconnue du peuple hébreu.* Paris, 1932.
Nationale Hefte. — Revue mensuelle. Zurich.
Neue Zeit (Die). — Revue hebdomadaire. Stuttgart.
Picard (Edmond). — *Synthèse de l'antisémitisme.* Bruxelles-Paris, 1892.
Poncins (Léon de). — *La mystérieuse internationale juive.* Paris, 1936.
✿ *Question juive (La).* — *Vue par vingt-six éminentes personnalités.* Paris, 1934.
✿ Rathenau (Walther). — *Le Kaiser,* trad. David Roger, Paris, 1930.
✿ Rathenau (Walther). — *Où va le monde ?* trad. S. Jankélévitch. Paris, 1922.
Gefallenen des deutschen Heeres, der deutschen Marine und der deutschen chutztruppen, 1914-1918. — Berlin, 1933.
✿ Reichsbund jüdischer Frontsoldaten. *Die jüdischen.*
✿ *Revue juive de Genève (La).* — Revue mensuelle. Genève.
✿ Revusky, (Abraham). — *Les Juifs en Palestine.* Paris, 1936.
✿ Roth (Samuel). — *Now and Forever.* New-York, 1925.
Saint-Aulaire (de). — *Genève contre la paix.* Paris, 1936.
✿ Schurmann (E.) — *La population juive en Alsace.* Paris, 1936.
✡ Schwob (René). — *Moi, Juif.* Paris, 1929.
Sigilla Veri. — Erfurt, 4 vol.
✿ Sombart (Werner). — *Les Juifs et la vie économique,* trad. S. Jankélévitch, Paris, 1923.
Stoltheim (F. Roderich) — *Das Rätsel des jüdischen Erfolges.* Leipzig, 1928.
✿ *Terre retrouvée (La).* — Organe bi-mensuel du Kéren Kayémeth Leisrael. Paris.
Tharaud (Jérôme et Jean). — *L'an prochain à Jérusalem !* Paris, 1924.
Tharaud (Jérôme et Jean). — *Vienne la Rouge.* Paris, 1934.
✿ *Univers israélite (L')* — Revue hebdomadaire. Paris.
Vitoux (Georges). — *L'agonie d'Israël.* Paris, 1891.
✿ Wassermann (Rudolf). — *Beruf, Konfession und Verbrechen.* Munich 1907.
✿ Zangwill (I.). — *Dreamers of the ghetto.* New-York-Londres, 1899.

INDEX DES NOMS DE PERSONNES

A

Abraham, 10, 32, 45, 47.
Achad Haam, 13.
Adam, 16.
Adler (Frédéric), 36.
Agobard (archevêque), 66.
Alembert (Jean d'), 27.
Alphonse VI, 57.
Aristobule, 74.
Aron (Marguerite), 12.
Asch (Schalom), 16

B

Battersea (lord), 26.
Bédarride (Jassuda), 20, 38.
Belloc (Hilaire), 28, 73.
Benoit XIII, 57.
Bergson (Henri), 14.
Bernfeld (Marcel), 28, 46.
Bloch (Abraham), 32.
Bloch (Joseph), 54, 83.
Bloch (Moïse), 79.
Blum (Léon), 10.
Boerne (Louis), 79.
Borromée (Charles), 57.
Bossuet, 58, 76.
Bourdaloue, 58.

C

Cahier de Gerville, 92.
Caïn, 16.
Cerfberr de Medelsheim (A.), 45.
Chaplin (Charlie), 70.
Charlemagne, 66.
Charles Louis (comte palatin), 83.
Chesterton (Gilbert Keith), 28.
Clément d'Alexandrie, 74.
Cahen (Edmond), 54.
Cohen (Kadmi), 25, 28, 64, 66, 90.
Cologna (Abraham), 76.
Crémieux (Isaac), 38.
Cronbach (Siegfried), 79.

D

Daniel, 45.
David, 45, 47, 48, 64.
David (Pierre), 32.
Disraeli (Benjamin), 37, 38, 94.
Drach, 59, 59, 70, 75, 76.
Dubnow (Simon), 11, 49, 38.

E

Eberlin (Elie), 37, 32, 89.
Einstein (Albert), 58, 59.
Eschyle, 74.
Esra, 25, 27.
Euripide, 74.
Ezechiel, 15, 76.

F

Férenzy (Oscar de), 54.
Frankfurter (David), 36.
Frédéric Ier, 60.
Freud (Sigmund), 14, 58, 59.

G

Gaster (Moïse), 19.
Geiger (Raymond), 39, 54.
Génie (général), 31.
Gentz (Frédéric de), 80, 84.
Ginzberg (Ascher), 13.
Girardin (Mme de), 69.
Glückel von Hameln, 67.
Goldschmidt (Lazare), 14, 15, 33.
Goncourt, 70.
Graetz (Henri), 79.
Gramont (Agénor de), 26.
Grégoire VII, 57.
Guillaume IX de Hesse, 80, 81.
Gustloff (Guillaume), 36.

H

Hanania ben Hizkia, 77.
Hardwicke (lord), 26.
Hécatée d'Abdère, 74.
Heine (Henri), 79.
Helvicus (Christophe), 60.
Herzl (Theodor), 11, 13, 20, 35, 54, 56, 62, 69, 85, 89, 90.
Hirsch (Samuel), 44.
Hitler, 41.
Humboldt (Guillaume de), 84.

I

Innocent III, 57.
Isaac, 45.

J

Jacob, 33, 45, 55.
Jahel, 36.
Joseph (Max), 28.
Josèphe (Flavius), 18.
Josué, 59, 61.

K

Kahler (Erich), 30.
Kastein (Joseph), 10, 22.
Klatzkin (Jakob), 14, 29, 33, 35.
Knigge (Adolphe de), 77, 79.
Kompert (Léopold), 54.

L

Lazare (Bernard), 11, 12, 13, 33, 55, 65, 66, 74, 91.
Lémann (Abbés), 65, 66, 74.
Lémann (Joseph), 57, 66.
Lenculus, 78.
Lestschinsky (Jacob), 71.
Lévy (Simon), 54.
Lewisohn (Louis), 31, 54.
Lloyd (George), 48.
Loeb (Isidore), 50, 63, 92.
Ludwig (Émile), 36.
Luther, 78.

M

Macchabée (Judas), 32, 34, 55.
Maïmonides, 55, 56, 59.
Malet (chevalier de), 92.
Malouet (Pierre Victor de), 70.
Marx (Karl), 14.
Maurras (Charles), 32.
Menasce (Jean de), 86.
Menasseh ben Israël, 61.

Ménélaüs, 10, 11.
Metternich, 10, 81.
Meyerbeer, 55.
Mirabeau, 68.
Moïse, 30, 40, 41, 48.
Moltke (Helmuth de), 77.
Mossé (Armand), 84.
Mossé (Georges), 43, 50.

N

Nabuchodonosor, 37, 40.
Napoléon Ier, 80.
Néhémie, 25, 26, 27.

O

Oppenheim (Maurice), 22.
Orphée, 74.

P

Paul (saint), 11.
Pestalozzi (Jean Henri), 79.
Petljura (Simon), 36.
Philippe-Auguste, 57, 67.
Pilate, 94.
Proust (Marcel), 58.
Ptolémée Philadelphe, 74.

R

Rachel (tragédienne), 69.
Raisin (Max), 40.
Raschi, 33.
Rathenau (Walther), 29, 87, 90.
Reinach (Joseph), 39.
Revusky (Abraham), 47.
Rigord, 67.
Rohling (Auguste), 54.
Roosevelt (Franklin), 48.
Rosebery (lord), 26.
Rosenfeld (Hans), 18.

Roth (Samuel), 7, 14, 27, 54.
Rothschild (Meyer Amschel), 80, 81.
Rothschild (Nathan), 10.
Rothschild (Nathaniel), 49.
Rothschild (Salomon), 10, 81.
Ruppin (Arthur), 34.

S

Saint-Aulaire (Auguste de), 48.
Salomon, 17, 25, 64, 76.
Saphir (Maurice), 55.
Sartines (Antoine de), 70.
Schnurmann (E.), 68, 86.
Schwarzbart (Samuel), 36.
Schwob (René), 17, 28.
Sisara, 36.
Sombart (Werner), 64, 69.
Sophocle, 74.
Sturgkh (Charles de), 36.

T

Tharaud (Jérôme et Jean), 40, 89.
Toreno (José Maria de), 84.
Torrès (Henry), 36.
Tucholsky (Kurt), 34.

U

Vambéry (Arminius), 85.
Voltaire, 73, 78.

W

Wagram (Alexandre de), 26.
Wassermann (Rudolf), 35, 68.
Wessenberg (Baron de), 80.

Z

Zangwill (Israël), 21, 22, 54.
Zérapha (Georges), 36.

- the-savoisien.com
- pdfarchive.info
- vivaeuropa.info
- freepdf.info
- aryanalibris.com
- aldebaranvideo.tv
- histoireebook.com
- balderexlibris.com

Librairie Excommuniée Numérique CULUS (CUrieux de Lire des Usuels)

Les Protocoles des Sages de Sion constituent-ils un faux ?
de Herman de Vries de Heekelingen

Date Publication : 28 Février 2019
Format : 13 x 21
Nombres de pages : 30

Prix : 9 € + Frais de port

sur : http://www.vivaeuropa.info/lca/herman-de-vries-de-heekelingen-les-protocoles-des-sages-de-sion-constituent-ils-un-faux/

Dès sa naissance, le christianisme a trouvé devant lui la force des ténèbres. Dans le cours des âges, on rencontre partout cette force organisée de l'Anti-Eglise. On la voit à l'œuvre lorsqu'elle pousse les païens de l'empire romain à tuer les chrétiens ; on la voit faire des efforts désespérés pour détruire le christianisme par lui-même en suscitant le gnosticisme, l'arianisme, le manichéisme et tant d'autres sectes. Même pendant le moyen âge, alors que la vie politique et sociale était profondément chrétienne, on la voit manœuvrer. James Darmesteter, un savant juif, nous apprend que, même à, cette époque, le Juif était :

« Le docteur de l'incrédule ... Il était à l'œuvre dans l'immense atelier de blasphème du grand empereur Frédéric et des princes de Souabe et d'Aragon. C'est lui qui forge tout cet arsenal meurtrier de raisonnement et d'ironie qu'il léguera aux sceptiques de la Renaissance, aux libertins du grand siècle ; et tel sarcasme de Voltaire n'est que le dernier et retentissant écho d'un mot murmuré, six siècles auparavant, dans l'ombre du ghetto, et plus tôt encore, du temps de Celse et d'Origène, au berceau même de la religion du Christ, dans les Contre-Evangiles du Ier et du IIme siècles ».

Herman de Vries de Heekelingen
(Groningue (Pays-Bas), 18 juin 1880 - 1942)

Érudit et auteur néerlandais qui vécu la deuxième moitié de sa vie en Suisse. Idéologue antisémite. Docteur ès lettres, Professeur de paléographie et de diplomatique à l'Université et directeur de la Bibliothèque de Nimègue, Pays-Bas (1923-1927).

D'origine protestante il se convertit au catholicisme

www.ingramcontent.com/pod-product-compliance
Lightning Source LLC
LaVergne TN
LVHW091602060526
838200LV00036B/967